大是文化

本物の気づ

一瞬間的貼心

貼心，
是最不花錢的投資。
順手，
讓機會、貴人、金錢主動找上你。

累積著作突破130萬冊
牙醫學博士、經營學博士
井上裕之——著
賴詩韻——譯

目錄

推薦序 學會貼心，人生如新／吳家德……9
前言 一瞬間的貼心，成就一生的利器……13

第一章 這些小舉動，讓人不知不覺喜歡你……25
1 貼心的回報，往往超乎你的想像……26
2 感謝函這樣寫，對方感動萬分……28
3 親筆寫回信，字醜也沒關係……33
4 最棒的貼心語，只有三個字……38

5 什麼事會讓人溫暖，從自己身上找答案……43
6 晚不如早，做比不做好……45
7 最能讓人安心的話語：「請不用放在心上」……49
8 與其誇讚對方外表，不如敬佩人品……54
9 與人約碰面，要表現得「好像才剛到五分鐘」……56
10 遲到要先通知，免得對方不開心……58
11 顧好身體，對人對己都貼心……64
第二章 這些暖心之舉，學會一個你就無敵……69
1 一年至少送一次禮，給重要人士……70

2 有事沒事都要常常跟朋友聯絡……74
3 無論男女，送花都是最棒的禮物……78
4 禮物，不用太貴，但最好背後有故事……83
5 飲酒聚會後，遞上一顆薄荷糖……89
6 如果有人引薦你，要馬上拜訪對方……92
7 對方說「不必客氣」，可別真的不客氣……95
8 「你很特別」，任何人聽到這句都會超開心……99
9 學推銷要找頂尖業務，學貼心呢？……109
10 請客，最好安排在自己熟悉的店家……113
11 新手怎麼跟老鳥拚業績？贏在貼心……117
12 遇到難相處的人，我用這兩招化解……119

第三章

比實力更重要的事，老鳥多半不會告訴你

比實力更重要的事，老鳥多半不會告訴你……125
1 職場高手都很會寫便條紙……126
2 交報告前，一定要仔細檢查……128
3 超前布局，就是一種貼心……134
4 主管這樣做，部屬會一輩子感謝你……137
5 沒事的，你不用擔心……144
6 從旁觀察，讓部屬自己作主……148
7 儀容，代表你的誠意……151
8 初次見面，怎麼送禮？……156
9 面談過後，一定要當天致謝……159

10 笑容，通行無阻的語言……163
11 到別人家做客，六件事不能忘……167
12 有一種貼心，老闆聽了最窩心……171
13 領到薪水後，記得跟主管致謝……175

第四章 對外人貼心，對親人也別怠慢……177

1 養成習慣，一切就會很自然……178
2 熟歸熟，有些話還是得說清楚……180
3 朋友有難，怎麼幫才得體？馬上、直接、無數次……184
4 安慰人，不要激勵，要給希望……188
5 在別人看不見的地方，更要貼心著想……193

6 遇到不認同的事，聽聽就好……197
7 夫妻要互補，不是互相指責……200
8 適度的和另一半共享行程……203
9 告知返家時間，讓另一半安心……206
10 告訴父母「我們都很好」……208
11 就算吵架，隔天就要和好……212
結語 多一點貼心表現，人生處處是機會……217

推薦序

學會貼心，人生如新

NU PASTA總經理／吳家德

「貼心＝（真心＋細心）×生命歷程」，上述公式是我讀完整本書後得到的結論，也是我樂於推薦的關鍵。

我把公式稍微拆解開來，說說我的看法。做人要真心、做事要細心，把兩者加總之後（會做人也會做事），再乘以時間累積帶來的生命厚度，自然而然就能忠實呈現「貼心」，也就是本書書名《一瞬間的貼心》的完美詮釋。

人性到底是性善還是性惡，總是眾說紛紜，莫衷一是。但人要選擇開心或是傷心過日子，絕對有答案，也不須爭論。學會貼心的待人處事，就能得到快樂人生，亦是這本書想要傳遞的核心價值。

說一個別人曾經對我貼心的小故事。這件事情雖然已經過了十多年，但我卻依然永難忘懷，這個舉動甚至變成我學習的圭臬，讓我的人緣越來越好。

有一回，一位朋友請我幫一個忙。這個忙有些費力耗時，不是一通電話、一趟行程或簡單的出錢出力就可解決。經過一段時日的努力，我終於圓滿達成朋友交辦的任務。對我而言，幫助別人會帶來快樂，其實這也就足夠了，再加上是好朋友的關係，更不會要求回報。

結果，這位好友做了一個貼心舉動。當年，我幫忙這位朋友的時候，還在銀行擔任分行經理，整個公司有二十多位同事，這位好友竟然送給我公司同事每人一份餅乾禮盒。當下我自覺，這也太厚禮了吧。

但好友告訴我送這個大禮的三個理由：第一，因為我真的幫他一個大忙，讓他非常感動，送禮回饋算是人之常情。第二，他要讓我的所有同事知道，我為他做的這件事很重要，值得大書特書，昭告天下，藉此表達他的心意。

第三，他選了一個很知名、也很好吃的品牌來送禮，也趁機告訴我，這家店的餅乾是要排隊的，是有故事性的。

你說，貼不貼心啊！這三個理由，第一個是一般人會做的。但第二個與第三個，就是讓人印象深刻的記憶點。當我在讀這本書時，發現作者竟也提出相同的觀點（送禮要有故事性，要送到對方的心坎裡），不禁讓我覺得，貼心真是無國界啊。

因為閱讀這本好書，讓我發現另一個亮點。就是作者井上裕之的身分非常特別。他既是牙醫學博士，也是經營學博士，這也太厲害了吧。所以，我認真花了一些時間，上網搜尋他的資訊，對他的人生閱歷大為讚嘆，崇拜不已。

與其說這是一本教你貼心的書，倒不如說它能教你待人接物，培養更良好的人際關係。相信只要認真閱讀，就能體會貼心帶來的紅利。

前言
一瞬間的貼心，成就一生的利器

我雖然是企管教練、潛意識治療師、也是自我啟發書籍的作者，但我的本業其實是一名牙醫師。我在北海道帶廣市開設「井上牙科醫院」，並擔任院長。我們醫院的患者，來自日本各地，我們不僅提供高品質的醫療技術，還貼心的重視每位患者的需求。

這裡提到的貼心，其實並不困難。比方說，如果有年長的女士來我們醫院做假牙，我會微笑著對她說：「我會幫您把假牙做得美美的，讓您看起來很年輕喔！」

當我這樣說，對方都會覺得開心愉快，面對牙醫時的緊張感也緩和了不少。患者情緒舒緩了，就會放心告訴我們真正想做什麼樣的治療。只要確實了解患者真正的需求，治療就會很成功。

協助對方放鬆心情，這種貼心往往會帶來很好的效果，我們已經驗證過無數次。因此，我相信，貼心的行為有助於提升人生的品質。

貼心不是天生，可以後天培養

貼心的本意，來自於「留意各方面的事」。但我個人認為，貼心是出於關愛、體諒和感謝對方的心情，所表現出來的行動。

這裡所指的行動，就是實際向對方說：「謝謝您。」或是寫信、贈送禮物，以表達感謝之意。這種暖心的行為，如果運用得宜，就能獲得下列五種好處。

1. 討人喜歡

由於貼心是以行動表現出對別人的體貼和關愛，所以行為窩心的人都很受人喜愛。

「這個人真的非常關心我！」、「竟然連這麼小的細節都能注意到！」當別人對你抱持這樣的印象，你的人緣自然就會變得很好：「我很想再見到這個人！」「我想把這個人引薦給某某先生（小姐）！」

2. 成長得比較快

假使你是公司的新人，正處於還在熟悉工作的階段，只要在各方面用心，適時體貼的關懷他人，一定會有同事注意到你，進而伸出援手。當別人想多關照你，就會在許多方面提點你，這等於開闢了一條捷徑，讓你成長得更快。

3. 增加機會

當我們對別人展現貼心時，絕對不可以要求回報。但不可思議的是，當你不求回報，持續溫暖待人，別人也漸漸的更願意託付工作給你，你的人緣也變得越來越好，機會也更多了。

4. 更容易成功

一般會用智商（Intelligence Quotient，簡稱ＩＱ）把人的能力量化。但是ＩＱ高的人，人生未必就會一帆風順。反倒是ＳＱ高的人，在人生中比較容易成功。

所謂的ＳＱ，就是「Social Intelligence Quotient」的開頭字母縮寫，一般譯為「社交智商」或「社會智能」，用來表示與人交往的能力和社會化的程度。

ＳＱ也可以說是，在理解對方情感的同時，也能思考自己的行為會為對方帶來什麼影響，讓人際關係更圓融的能力。我覺得懂得體貼別人的人，就是擁有很高的SQ。換句話說，待人窩心的人容易成功。

5. 內心充實富足

貼心的表現會讓人開心，別人也會感謝自己。當別人感謝我們時，我們也會因此而開心。所以對他人貼心，也等於讓自己開心；越是關心別人，內心的喜悅就會不斷湧出，人生也能因此而更富足。

本書也會教大家貼心對待他人的具體實踐方法，幫助大家得到這五種好處。

待人窩心，本身就是一種喜悅。或許有些人會苦惱：「我並不機靈，無法做到溫暖待人。」但我可以向大家拍胸脯保證，**每個人都可以養成習慣，對別人更貼心。**

「我想讓對方開心！」如果想把這樣的心情化為行動，不妨先想一想自己可以怎麼做。無論是什麼工作，只要能夠讓對方開心，就會成功。

當你開始「想讓對方高興」、「想讓對方幸福」並付諸行動，就會因此成功。無論做什麼生意，只要你的商品和服務能夠讓顧客開心，自然就會無往不利。

舉牙科醫院的例子來說，如果在治療後，患者覺得：「牙齒變得更整齊美觀，真是太棒了，好開心！」那麼下次只要有關於牙齒的問題，他一定會再度前來就診。

或是以拉麵店為例，如果顧客覺得：「這裡的味噌拉麵超好吃。讓人覺得好幸福！」那他下次就會再來光顧，或是想著要介紹好朋友來品嚐，甚至可能幫你做口碑、宣傳。

生意的成功與否，往往取決於「能否讓對方開心」。而要讓對方開心，就要做出讓對方高興的貼心行為。為了得知如何才能讓對方開心，平時就要多關心，留意對方會因為什麼事情而高興。

比方說，平時與顧客閒聊時，如果對方提到：「為了慶祝結婚紀念日，下個月我要和太太一起去旅行。」

「這樣子啊，那您的結婚紀念日是什麼時候？」

「○月×日。」

「真是恭喜啊！您結婚幾年了呢？」

「○年了。」

「真是了不起！我也要向您看齊！」

透過這樣的對話，我們無意中得知了對方的某些訊息。

當然，在對話的過程中，如果對方無意告訴你這些訊息，我們也不必追問。知道客戶的結婚紀念日後，可以在他們的結婚紀念日當天，買一束花或點心送到客戶的家，價錢不用很昂貴，如此一來，想必客戶的太太也會很高興吧。

在平時，客戶的太太根本就不知道另一半的工作情形。當她收到禮物的時候，會覺得自己的另一半很受重視，也會因此覺得開心。太太高興了，客戶更會覺得簡直比自己收到禮物還快樂，也會認為你很窩心。

在日常閒聊的時候，就默默記下對方喜好的事物，一有機會就付諸行動。這就是表現貼心的祕訣。

學會貼心的三項要訣

想學會貼心，應該怎麼做才好？這裡就為大家介紹三項要訣。

1. 自己受到怎樣的對待會高興，就為對方做

第一項要訣，就是想一想自己受到怎麼樣的對待會覺得高興，然後用

這種推己及人的方式對待別人。

如果你覺得，在人擠人的電車裡，如果有人讓座給自己，該有多高興，那就多讓座給別人。如果有人送你美味的點心時，你會很開心，那就多多請別人品嚐美味的點心吧。受人稱讚覺得好高興，那就要不吝誇讚別人。如果你和人約好時間碰面，對方準時赴約，你覺得很滿意，那就謹記往後不要遲到。如果有人對你說「謝謝」，你覺得很高興，那就經常向別人說「謝謝」吧。

這一項要訣的答案，只要問問自己就好。觀察自己，找出哪些事情是「別人如何待我，我會感到高興」的。

2. 站在對方的立場思考

一樣米養百樣人。有時候，我們也可能遇到收到甜點卻不開心的A先生。這種時候，我們就要採取第二項要訣。那就是站在對方的立場，思考對方會覺得高興的事是什麼。

試著思考一下，怎樣才可以讓A先生開心？如果平常就很關心A先生，應該可以發現他會因為什麼事情而高興吧。萬一真的不清楚，不妨直接請教他。

「您是不是不喜歡吃甜食呢？」

「是啊……比起甜食，我更喜歡酒呢！」

A先生搞不好會這樣回答，那麼下次就記得送酒給他。

3. **觀察周圍，了解多數人會因為什麼事情而高興**

第三項要訣，就是觀察周圍，了解人們會因為什麼事情感到開心。之後，再多模仿。

雖說是模仿，但是一開始應該不容易做到。那就從小事情開始做起也無妨，請把目標放在能長期持續下去的事。久而久之，你會找出適合自己的方法，並發展出獨特的貼心做法。

本書將透過這三項要訣，與大家分享我在人生當中，實際感受和實踐的「真正的貼心」。一開始，就從一、兩件小事做起就好，請盡量持續下去。不知不覺中，你自然就能學會該如何溫暖待人了。

貼心的五種好處：

1. **討人喜歡。**
2. **成長得比較快。**
3. **增加機會。**
4. **更容易成功。**
5. **內心充實富足。**

學會貼心的三項要訣：

1. 自己受到怎樣的對待會高興，就為對方做。
2. 站在對方的立場思考。
3. 觀察周圍，了解多數人會因為什麼事情而高興。

第一章

這些小舉動，讓人不知不覺喜歡你

1 貼心的回報，往往超乎你的想像

在現代社會，商業場合的接待和頻繁的交際已經越來越少，很難認定什麼樣的行為才算是貼心。許多時候，人們反而會認為，如果做了顯得很多餘，那還不如不要做。

基於上述的情況，大家可能因此覺得表現窩心很困難，或是難度很高。不過，不管社會上或是商業場合的交際如何簡化，人們在承蒙別人幫助或是收到回禮時，都會覺得高興。這是人性，永恆不變。因此，我個人認為，無論從社會和自己的立場來看，都不應該忽視這種人性。

就算只是一點小事，也不要吝於表現貼心。比方說：

- 送禮的時候，要確認好禮品內容再送出去。
- 同事被工作壓得喘不過氣時，適時遞上一罐咖啡、慰勞他一下。
- 呈給主管過目的資料，可以貼上便箋，寫上一、兩句話。
- 在第一時間送出祝賀生日的簡訊。
- 即使是一點小事，也不要忘了說「謝謝」。

不要嫌麻煩，多花點心思表現自己的貼心吧。**貼心的反面就是偷懶**，與其事後懊悔自己偷懶，不如馬上付諸行動。

想要表現得窩心，的確需要費點心思，但也不至於耗費大把的時間和金錢。這些窩心的小事累積起來，將來一定會為你帶來巨大的回報。

2 感謝函這樣寫，對方感動萬分

在商業場合，拜託別人幫忙做事，或是收到別人的禮物時，馬上致謝是最重要的貼心表現。

身為牙醫師，我有時候要連續兩天做好幾項植入手術。其中最高的紀錄，我曾經完全沒睡覺，連續處理了二十四件病例。

京瓷是我合作的廠商，他們是提供植入設備的醫療機器製造商。在我動手術的時候，他們的員工會來觀摩一整天。手術如果持續到早上四、五點，他們就會觀摩到那個時候。

來觀摩的京瓷員工們，事後一定會寄郵件或是寫信向我致謝。而且，他們的感謝信還很有誠意。

一般來說，致謝的郵件和簡訊，大概都是下列這種制式的內容吧。

・一般的致謝郵件

井上裕之院長 鈞啟

感謝您平日的關照。我是某某公司的△△。

昨日在您百忙之中，允許我觀摩您重要的手術，真是十分感謝。

您的手術真的非常精湛。日後有機會，還請再允許我觀摩您的手術。

今後也請多多指教。

其實這種感謝信沒有什麼問題，只是滿普通的。

而京瓷的員工們，寄給我的感謝函內容則是這樣的。

•京瓷員工的致謝郵件

井上裕之院長 鈞啟
真的非常感謝您，本次也讓我們觀摩您精湛的手術。
承蒙您的手術，讓我們團隊知道接下來應該做什麼樣的改進。
您在這場植入手術中展現的美與迅速，讓我們看到了整個團隊努力的結晶！
手術當中，我們感受到您對於醫療和人的思維，我們的理念也與您相同。藉由您的手術，我們得以更進一步了解自己的理念。

牙醫師是講究技術的專家。專家如果被稱讚技術精湛，當然會非常高興。而且，美觀和速度也是植入手術的重點所在。當別人特別稱讚這兩點時，我更是開心。

即使是在深夜，依舊這麼快就看到他們的致謝信函，真的令我十分感動。前來觀摩的員工之中，也有些人會在事後寄親筆信件，告訴我他的感想。

信件的內容誠懇真切，使我非常感動。其實，就算感謝函的內容很普通，但只要寄得早，就是有價值的。當我收到前面介紹給大家看的那封郵件時，真的覺得胸口發熱，很想拿去向我的親朋好友分享一番。這簡直比收到昂貴的禮物還要開心。

前述那封郵件，無論是內容還是速度，都讓我心滿意足。這封信到底哪裡寫得好，我們一起來思考其中的重要關鍵。

信件中，出現了三點讓人高興的要素：

1. 對於現象的實際感想（表示很慶幸參與了手術）。
2. 稱讚對方的內容（手術的美感和速度）。
3. 敘述自己的收穫和學習到的事物（有助於更深入理解理念）。

傳達言語，不需要花什麼錢。只要是為了對方著想所說出的話，就能夠讓對方感動。向對方致謝時，建議大家可以好好運用這三項要素。

成功的感謝函必備三要素：

1. 對於現象的實際感想。
2. 稱讚對方的內容。
3. 敘述自己的收穫和學習到的事物。

3 親筆寫回信，字醜也沒關係

致謝的電子郵件和信件，該什麼時候寄出才好？致謝貴在速度，越早致謝，才能讓對方留下好印象。根據日本的商業禮儀，**只要收到物品，或是拜託別人做事，最遲也得在三天以內向對方道謝**。

話雖如此，總會有些時候無法馬上向對方道謝。如果遇到這種情況，該怎麼做，才可以彌補已經錯過的時機？最好的方法，就是親筆寫一封致謝函。

為什麼手寫的感謝函比較好？其實，只要比較一下印刷的文字和手寫文字，便可一目瞭然，手寫的文字充滿了溫暖的心意，更可以表達感謝之意。因此，就算你的字寫得不好看，也還是手寫比較好。

親筆寫信，請注意下列三項要點：

1. 用自己的方式鄭重書寫。
2. 要真心誠意。
3. 寫下的內容要能讓對方高興（請參考第二十八頁、第一五九頁）。

此外，既然要親筆寫信，書寫的用具也得講究。

寫信的時候，比起用原子筆，不妨用鋼筆。使用鋼筆的話，隨著你寫字的力道，墨水的流量也會因此改變。用凝思的心情用力書寫的話，墨水的字跡會滲透紙張；如果用輕鬆的心情書寫，字跡就顯得流暢明快。用鋼筆寫信，除了內容以外，光看字跡就可以了解寫信者的心意。

選擇鋼筆專用的便箋，墨水寫的字跡在紙上會顯得格外好看。如果使用的便箋，上面的圖案富有季節感，對方會更開心。

即使只是一封信，但只要注意這些小細節，對方一定可以感受到你的真心誠意。

某次，我曾教導熟識的年輕友人，如何寫信才會令人感到窩心。之後，每逢中元和歲暮，這位友人便會按照我之前指導他的方法，除了送禮給我，還會附上一封親筆信。「真是謝謝你這麼有心」，我每次收到時都很開心。

學會貼心就能這麼討人喜歡，職場的主管也會因此多多關照。他在公司裡，應該也常有貼心的表現吧。之後，他年紀輕輕就受主管重用。

寫信時不須拘泥於書信的形式，有時帶點幽默感的內容也很不錯。

某位教授的夫人，曾經寄給我一封信，內容是這樣的。

由於處於疫情期間，得減少外出，我先生沒有去大學教課，但是他不在家，不知道跑到哪裡去了。不過，因為他很想吃井上醫師給我們的蘆筍，所以就回家吃飯了。我想他之後應該會乖乖待在家裡防疫吧。

這種幽默的致謝信，更會讓對方莞爾一笑。這類信件中帶有寫信者獨特的想法，比起形式上的致謝函，光是透過文字就可以與對方交心。

致謝函和禮品一起奉上

假使無法及時表達致謝之意，視情況贈送禮品，也可以讓對方開心。

「為了表達當時的感動，除了信件以外，我很想再送點什麼給您，所以請容我奉上我家鄉著名的點心吧！」

「天氣一轉涼，這款口罩就很熱銷，於是我買來送給○○先生，隨信附上這款口罩給您。」

由於太晚致謝而覺得失禮時，只要多花一些心思，隨致謝函奉上禮品，就可以大幅改變對方對你的觀感。

做或是不做，兩者之間的差距就會改變你的未來。

親筆寫信時，須注意以下三點：

1. **用自己的方式鄭重書寫。**
2. **要真心誠意。**
3. **寫下的內容要能讓對方高興。**

4 最棒的貼心語，只有三個字

「謝謝您」是一句充滿關愛的溝通語句。只要能多說幾次謝謝，彼此的關係就會更融洽。

致謝的人，心情會變得很好。因為曾接受了別人的好意，所以表達心中的感謝；受到他人感謝的人，因為自己說的話（做的事）獲得認同，或是被他人理解，因此也能更肯定自己。這句話，對說的人和聽的人都好，所以我們應該要多說幾次「謝謝您」。例如：

• 收到禮物的時候……。

- 受到別人幫助的時候……。
- 別人鼓勵自己的時候……。
- 別人幫自己撿拾掉落物品的時候……。
- 別人讓位給自己的時候……。

該說謝謝的情況真是太多了。在商業場合，當別人購買自家公司的服務和商品時，也少不了「銘謝惠顧」這句話。

不過，有些時候，我們明明該感謝，卻經常忘了說出口，特別是挨罵和被指責的時候。挨罵或是被指出錯誤時，其實不需要感到不悅或情緒低落，應該馬上向對方表示：「您不說我都沒發現，真是謝謝您！」

責罵和指正錯誤，其實都是因為對方想要指導你。如果發現自己的錯誤，並勇於改進，這樣才能成長。別人給自己成長的機會，應該要對他說聲：「謝謝您。」

當別人怒氣沖沖的指責自己時，開口說聲謝謝，會讓對方感覺自己是虛心受教、很有成長潛力的人。如此一來，對方也會想：「下次有什麼事的話，可以再提點他一下。」你就有機會更進一步成長。

感謝加上三要素，對方覺得你更有誠意

當我們接受別人的幫助，重要的是要像反射動作一樣，在當下就向對方表示謝意。想要以更鄭重的方式，將感謝的心情傳遞到對方的內心深處，可以試著結合下列三種要素：「〇〇先生／小姐（對方的名字）」＋「你為我做〇〇（感謝的事情）」＋「真的非常謝謝您」。例如：

「井川先生，謝謝您送我這麼棒的生日禮物！」

「田中小姐，謝謝您提點我，真的非常謝謝您！」

「渡邊先生，承蒙您購買我們的商品，真的非常感謝！」

從心理學的角度來說，只要稱呼對方的名字，就會提升對方對自己的好感（呼名效果）。之後，再加上自己想要感謝的事情，會讓你的道謝變得更鄭重。因此「對方的名字＋感謝的事情＋真的非常謝謝您」，只要將這三項要素組合在一起，就會讓對方覺得你的致謝非常有誠意。

直接開口說「謝謝您」時，要心懷最大的謝意說出這句話。只要你真心誠意，就可以打動對方的心。

表達正面積極的氛圍

透過電子郵件接到工作委託時，是表達感謝的最佳機會。

回覆對方「願意接受您委託的工作」時，我一定會再加上一句話，把自己積極的心情化為語言，向對方表達。

「非常謝謝您。我真的很高興。」
「非常謝謝您。我剛好很想接這件案子呢！」
「非常謝謝您。我正愁沒有案子讓我發揮一下。」
「非常謝謝您。很高興您願意把這份工作交給我。」
「非常謝謝您。我很期待做這份工作。」

換句話說，我們要向對方表達「謝謝您（感謝的話語）＋高興的心情（正面的感受）」。只要加上一句話，表達自己正面積極的氛圍，對方就會更開心。

對方應該也會覺得：「我很高興你這麼想。」如果讓對方歡欣、喜悅，這個委託一定會有圓滿的結果。

5 什麼事會讓人溫暖，從自己身上找答案

想要成為貼心的人，請試著讓自己與對方交換立場。

如果你想知道該怎麼做，才能讓對方開心，只要想想「如果換作是我，要怎麼做才會讓我開心」就好。如果想給對方最好的招待，就思考：「什麼樣的招待，才會讓我覺得是『最好的招待』。」

同樣的道理，用在商業場合也是一樣。

如果想知道該怎麼做，顧客才會購買自己的商品，那就思考要如何設計、行銷這項商品，才會吸引自己掏錢包購買。想知道成功的哲學是什麼，就先想想自己在哪一個時期，做事情都特別如意。幾乎所有的問題，

都可以從自己身上找到解答。

換位思考的時候，如果不喜歡別人怎麼對待你，就不要用同樣的方式對待別人。萬一對方和自己的價值觀相差很大，那就先尊重對方吧。不要把自己的價值觀強加在他人身上，也不要做讓對方不愉快的事。

每個人本來就是不同的個體，如果以尊重對方的方式，仍然無法取得共識，那就雙方好好談一談、再做決定。這樣的話，彼此就不至於沒有共識，或是產生誤會，雙方也可以建立互相體諒的關係。

6 晚不如早，做比不做好

想要表現得更窩心，最重要的就是時機。即使是同一件事，如果是運用在對的時間點，就會收到數倍的效果。

凡是我牙科醫院的員工，每逢婚喪喜慶，或是新居落成，我一定會包紅包表達心意。員工新婚旅行的時候，我會包紅包。如果聽說員工要搬到比較遠的地區，我也會包紅包作為餞別禮（遇到旅行、搬家和調職等長期分別的情況，我一樣也會包個紅包，或是贈送貴重禮品）。

如果是婚禮和喪禮，我會在出席當天，把紅（白）包交給對方。如果是新居落成、搬家或是新婚蜜月等情況，我就會提早把紅包交到對方的手上。

請設身處地思考，你最想在什麼時間點收到祝賀。是想晚一點收到，或是想早一點收到，哪一種會讓你比較高興？像是新居落成和新婚蜜月的時候，開銷總是比較大，如果能早一點收到祝賀的紅包，當事人想必會比較開心。

在恰當的時間點收到朋友祝賀的心意，更會令人加倍的喜悅。比方說，朋友在臉書（Facebook）上祝你生日快樂，如果是在生日的午夜十二點一過，就馬上收到祝福，比起隔兩、三天後才收到祝賀，絕對更令你感動萬分吧。

如果用熱戀中的情人來比喻這種情況，你一定馬上就懂。

在女友生日即將到來的晚上十一點五十九分，致電給女友：「妳的〇歲再過一分鐘就結束了！這一年感謝有妳陪伴著我。」等到午夜十二點一過，再對她說：「生日快樂！我比任何人都還要早對妳說生日快樂吧，真是高興！」如此一來，一定會讓彼此的感情更升溫。

只要在最佳的時機發揮貼心的表現，就可以讓對方加倍感動。你和對方的距離，一下子就會拉近了。如果想為對方做點什麼，不妨在自己覺得最好的時機，為對方做出窩心的事吧。

如果嘗試過後還是失敗，錯過了最好的時機，那就反覆練習，自己慢慢摸索就好。這次不成功，下次再改進，幾次練習下來，你一定可以掌握何謂最佳的時機。萬一，你還是抓不到最佳時機，請參考下列幾點：

1. **做比不做好**

不做的話，現況不會有任何改變。

只要嘗試去做，就算失敗了，也可以從失敗中獲取經驗，這也是一種成長。不過，什麼都不思考就盲目的行動，絕對不恰當。首先要想想最佳的時機點是什麼，萬一還是猶豫不定，覺得傷透腦筋，此時再考慮要不要

「先做再說」。

2. 一般來說，晚不如早

貼心的基本原則，是晚不如早。

假如顧客的生日是星期天，但當天無法用公司的郵件信箱發信表達祝賀之意，那就可以在前兩天的星期五，寄一封祝賀信件給對方：「後天是您的生日！祝您生日快樂！」

人類的任何行為，都受到習慣影響。只要你學會掌握最佳時機、表現自己的貼心，那麼在人生的路途上，你一定也懂得在最佳時機抓住機會。

總是抓不到表現貼心的時機，怎麼辦？

1. **做比不做好。**
2. **晚不如早。**

7 最能讓人安心的話語：「請不用放在心上」

無論是面對顧客、公司的主管、部屬和同事、家人和戀人，只要能讓對方開心，任何事情都可以進展得很順利。但是，怎樣才能讓對方開心？祕訣就是，用「與眾不同的行動」來感動對方。

我很喜歡衣服，也經常買衣服。我自己也有幾間偏好的服飾店。其中一家精品店位於大阪，店名是「FASCINATE」。我非常喜歡這家服飾店，他們的服飾很合我的喜好，而且店長德永剛也非常貼心，讓我深受感動。

某一次，大約是晚上十點半，我傳了一封郵件給店長，內容是這樣寫的：「快到特價的時候了吧？您有什麼推薦的商品嗎？」之後，不到兩個小時，他就回傳一份清單給我。他這麼快回覆我，還附上詳細的清單內容，使我深受感動。

清單裡列出了二十件左右的服飾商品，除了商品的說明外，他還很詳細的說明推薦的理由。這份清單非常詳實，簡直超乎我的期待。即便我沒有親自前去店面，店長也能夠及時的回應我，讓我對衣服有大致的概念，這對非常忙碌的我來說，簡直無比感激。

「別人都做不到這樣，太佩服了！」我真的非常感動。

透過這位店長的例子，我想告訴大家，「比別人還快速」的回應，而且提供「超出預期的服務」（這裡是指製作清單），都會讓人覺得非常的感動。

這是另一天發生的事。我向「FASCINATE」預定了一雙義大利製的靴子。但是，我無意中在其他的外國網站看到一模一樣的款式，而且價錢還便宜很多。雖然覺得很不好意思，但我還是致電給店長，老實告訴他：「我可以取消預訂的靴子嗎？因為其他的網站賣得比較便宜。」

對方覺得過意不去時，輕鬆帶過就好

他聽到之後，馬上一口答應：「現在取消完全沒問題。井上先生是我們的好客人呢！」我覺得很過意不去，所以對他說：「真的很抱歉。下一季我一定會買點什麼。」他卻回答我：「沒關係，請不用放在心上。」他三言兩語便輕鬆帶過的語氣，讓我覺得很安心。

他完全沒有說出讓我深感壓力的話。因此，我決定下次還要再去他的店裡消費。我感受到他的貼心，為了表達我的歉意，我買了一些在地的點心，送給店裡的每位員工。

越是在對方覺得過意不去的時候，用安撫對方的態度表示「完全沒問題」、「請不要放在心上」，我覺得這就是讓對方心情愉悅的窩心。

下次有機會，再拜託您了！

前面我向大家舉了一個買靴子的例子。其實，當時店長也可以回覆我：「已經沒辦法取消這次的預訂了。」如果是這樣的話，我就得買比較貴的靴子，多花很多錢。

或許我還會對這家店留下壞印象，覺得這家店怎麼這麼不通人情，甚至可能下定決心，以後再也不去消費了。而且，當我表示想取消預訂時，店長其實也可以擺個架子回應我：「好吧，不過只限這次喔。」然而，他反而馬上、而且似乎帶著笑容表示：「完全沒問題。」

每次，只要我一想到：「面對其他情況時，店長應該也會這樣回應我吧……。」就越是佩服他的表現，並且開心的決定，下次還要再去他的店裡光顧消費。

有一句話說得好：「吃虧就是占便宜。」這位店長自然而然就做到這一點了。

日本企業家齋藤一人曾說過這樣一段話：「被拒絕時，才是勝負的關鍵。只要面帶微笑，和氣的向對方說：『那麼下次有機會的話，再拜託您了！』（中略）不可能一下子就接到一大堆工作，往往都是一而再、再而三被拒絕，你得不斷的耕耘再耕耘，等到根基穩固後，這些人都會變成好主顧。」（《眼力》，齋藤一人著，SUNMARK出版。）

隨時隨地體察顧客的需求，貼心對待顧客，你就能有下一次的機會。

8 與其誇讚對方外表，不如敬佩人品

被他人讚美時，想必任誰都會覺得開心。初次見面的時候，只要稍微稱讚對方，對方就很容易記住你。在商業場合中，如果想稱讚對方，該怎麼做比較恰當？我曾請教一位專家，他在人際關係方面很有一套，他說：「比起稱讚身上的物品和容貌，人們更高興被讚美人品。」

「那條領帶好棒啊！」、「妳好漂亮，在妳身邊總是會讓我心跳加速！」與其這樣讚美對方，不如稱讚：「妳不經意的體貼，總是讓人覺得很療癒。」更會讓對方覺得開心。

某個網站曾經針對「你想被喜歡的異性誇讚外表，還是內在？」這個主題調查，結果無論男女，都有超過半數的人回答「內在」（女性網站「DOKUJO」，二〇一五年）。

比起外表，人們更喜歡別人讚美自己的內在和人品。

即使如此，面對初次見面的人，應該很難直接誇獎「您的個性真好」吧？如果是與對方第一次見面，就不必過於深入探究對方的個性。只要把自己感受到的、較正面的印象，老實表達出來就好。比方說：

「從您的談話中，可以感覺到您是一位開朗的人！」
「跟您在一起，我覺得整個人變得更有精神了！」
「我覺得您是一位愛乾淨的人！」
「承蒙您幫忙、準備得這麼周全，想必您一定很細心！」

如果稱讚得太過火，反而會顯得很刻意，因此訣竅就在於點到為止。

9 與人約碰面，要表現得「好像才剛到五分鐘」

在約定好的時間，到達約定會面的地點時，卻發現對方已經到了，大家應該經常遇到這種情形吧。

這時問對方：「您等多久了？」如果對方回答：「今天路上沒什麼車，我二十分鐘前就到了。」就算自己沒有遲到，但聽到對方這麼說，應該還是會過意不去，只好向對方致歉：「讓你久等了，真是抱歉。」

與人約好碰面時，我都會提早出門。提早抵達會面地點後，我會在附近等待。直到接近約定時間的五分鐘前，我才會動身前往集合地點，並表現出好像才剛到不久的樣子。或者是，我看到對方已經到達集合地點後，就走過去說：「我也才剛到。」

為什麼我會說五分鐘前，而不是十分鐘前，或兩、三分鐘前？因為「十分鐘前到」會讓對方覺得你已經等了很久；「兩、三分鐘前到」則顯得太剛好，好像是刻意的。因此，五分鐘是最恰當的時間。

表現出五分鐘前才到的樣子，是一種小小的貼心，同時也可以避免讓對方覺得過意不去。不知不覺中，對方就會對你產生好感。一點一滴累積每個有好感的瞬間，大家自然就會覺得，你是個討人喜歡的人。

與他人相約碰面，你是經常遲到？還是喜歡提早到？這會大幅左右對方對你的觀感。

遲到很多次，就會給人壞印象，認為你不把時間當一回事。在與工作能力無關的部分被扣分，是很不值得的。與人約定見面，一定要提早到達，並貼心的表現出五分鐘前才到的樣子。這樣一來，對方和自己都能心情愉快。

10 遲到要先通知，免得對方不開心

以前曾有一位工作人員，經常以飛機誤點為由，在開會的時候遲到。飛機誤點是很家常便飯的狀況。但既然如此，為了趕上開會時間，就應該考量到飛機誤點的可能，搭乘更早的班機，或是盡可能提早一天抵達。

「火車誤點十分鐘，所以遲到」，這種情況也很常見。既然如此，為了準時赴約，就應該把誤點的情況考量在內，早點抵達約定地點才對。

如果是在東京，電車誤點是「看得見」的。因為，日本政府每年都會公告，哪一條路線容易誤點（日本國土交通省，東京圈鐵路路線誤點「可視化」資料）。

據資料表示，誤點較多的是中央、總武線各站皆停（三鷹至千葉），平日二十天當中，曾多達十九天誤點，誤點幾乎都是在三十分鐘以內。如果搭乘的是容易誤點的路線，那麼為了及時赴約，就得考量可能誤點的時間，提早到達約定地點。

而提早抵達的等待時間，我都會拿來讀資料和書籍，絕對不會浪費。

想想「假使對方遲到，我會有什麼感受」

如果不得已會遲到，即便只遲到一分鐘，也要在發現即將遲到的時候，馬上知會對方。如果不確定自己能否及時趕到，也一樣要告知對方。我會用電話、LINE和Messenger等方式通知。

原則上，就是先預想「假使對方遲到，我會有什麼感受」就好。如果遇到這種情況，想想對方怎麼做會讓自己高興，再用同樣的方式對待對方，這就是貼心。

同樣的，如果自己提早知道對方可能遲到二十分鐘，這二十分鐘就可以另做安排，看是要用來回幾封郵件，或是瀏覽報告。

要是沒有收到任何聯絡，也不知道對方什麼時候會到，在這種狀況下根本無法集中精神做其他事情。遲到了還完全不通知，簡直就是浪費對方寶貴的時間。

平時就貼心，別人對你較寬容

或許有人會說：「我毫不介意別人遲到。所以我遲到的話，也不會知會對方。」不過，在商業場合，這種散漫、不嚴謹的想法可是大錯特錯。

是否精確完成工作、行為是否有利於維繫人際關係，這些都是商業場合所要考量的。如果總是精確完成託付的工作，用心經營人際關係，那麼就算偶有失敗，也不會被苛責，人際關係自然就和諧融洽。

我定期會發布影片，錄影的地點是在東京，雖然幾乎不曾出錯。但某一次，我誤以為錄影的時間是在「一週後」。當天，由於我沒有到攝影棚，工作人員就打電話聯絡我。

工作人員：「您是不是出了什麼事了？」

井上：「怎麼了嗎？」

工作人員：「我目前在攝影棚準備中。」

井：「啊！我以為是下週。真是抱歉。」

工：「沒關係。借來的攝影棚，我會想辦法處理的。我原本是擔心井上醫師發生什麼事了。沒事就好，我鬆了一口氣。」

結果，只好取消當天的錄影，但工作人員卻完全沒有責怪我，而且事後竟然還對我說：「沒有寄郵件提醒您，真是對不起。」

工作人員的這番話，真是百般為我著想。

為什麼他們願意對我這麼寬容？我想，這是因為我平常就很注重時間，如果遲到，我也一定會通知，這種重視彼此時間的習慣，讓他們願意包容我的過失。平時多用心，人際關係就會更穩固，偶爾不小心遲到或是搞錯時間，也不會對人際關係造成重大影響。

無故提早到，反而會耽誤對方的時間

遲到時也一樣，一定要注意，不要耽誤對方的時間。

每個人的時間是有限的。金錢可以買得到很多物品，但是任你多有錢，也買不到時間。因此，時間只應該花在有價值的事情上。

舉例來說，如果下午三點要與客戶開會。明明只是等公司同仁集合，有些人卻會把集合時間提早十五至二十分鐘。他的用意可能是讓大家有心理準備，所以早點集合。不過，所謂的「心理準備」，可以各自調整一下就好。如果需要會前討論，那就另當別論，不需要特別討論的話，提早五分鐘集合即可。

商業場合經常需要開會。開會這件事，一定會占用到參加者的時間。「真的有必要開這個會議嗎？」、「會議的會前準備時間會不會太長了？」多多思考這些情況，就是重視參加者時間的體貼表現。

11 顧好身體，對人對己都貼心

對別人貼心，對自己當然也要體貼。

在對自己體貼的行為中，我最重視的就是訓練健身。因為健身與我的使命（成為世界一流的牙醫師和作家）直接相關。

鍛鍊身體有下列三項優點：

1. 能維持身體健康。
2. 做好健康管理，會讓別人覺得我們「擁有良好的工作管理習慣」，能帶給他人信賴感和安心感。

3. 外表看起來年輕力壯，容易給別人留下好印象。

基於以上三項好處，全世界的高階管理人員，都習慣到健身房鍛鍊身體。想要成為人上人、獲得成功，一定要勤於健身。

因此，我請私人教練幫我做一對一的身體鍛鍊，每週三次。偶爾我也會請教練設計訓練項目列表，讓我在家裡健身。

好幾次我看到訓練表，心裡直抱怨：「這訓練量也太難以負荷了吧。」遇到這種情況，多數人往往會想：「難度太高了！這次我不要完全按照訓練表，稍微調低一點強度好了，下次去健身房的時候，再跟教練商量看看。」

但是換作是我，不管教練安排多麼困難的訓練項目，我都會照做。即使覺得自己已經沒辦法再舉一次槓鈴了，但我還是不會放棄，就算拚盡全力，我也要把它舉起來。因為對於為我設計運動項目的教練來說，這是一種貼心和尊重。

如果我真的想減輕強度，當下我還是會先完成教練的指示，等到下次去健身房遇到教練時，才會向他提出：「這次列的項目，我真的吃不消。我想和你討論要維持原本的列表，還是要減輕強度。」

為什麼我不改變訓練項目表，照做不誤呢？理由有兩點。

第一，因為很辛苦，所以中途放棄，這對我來說等於認輸。第二，我的堅持是：「對於該做的事，不會不經商量就任意改變。」「該做的事就要完成。」尤其是健身這件事，與我的使命直接相關。「為了完成使命，必須勤於健身」，這是我和教練共同決定的，所以我不能隨自己的意思任意改變訓練的項目。

我前面也曾提到，我想尊重教練的立場。出於這種體貼的想法，我也必須按照列表、完成鍛鍊。當我的訓練成果提升了，教練的價值也會跟著提升。如此一來，教練也更願意提供我最高品質的訓練。

有時候因為睡眠不足等原因，導致身體狀況欠佳，做列表上的運動項目時會覺得很吃力。不過，如果我努力回應對方（教練）的期待，使對方能夠愉快的工作，彼此就可以建立緊密的關係、互助成長。

這種為彼此著想的貼心，終將產生美好的成果。

鍛鍊身體的三項優點：

1. 能維持身體健康。
2. 做好健康管理，會讓別人覺得我們「擁有良好的工作管理習慣」，能帶給他人信賴感和安心感。
3. 外表看起來年輕力壯，容易給別人留下好印象

第二章

這些暖心之舉，學會一個你就無敵

1 一年至少送一次禮，給重要人士

人生中遇到的人不知凡幾，與想要維繫關係的人保持聯絡，會為人生帶來關鍵的影響。

為了與重要的人保持聯絡，一年至少要送一次禮。中元（編按：陰曆七月十五，日本人會在這個時節彼此贈禮）和年尾都是送禮的好時機，到某處遊玩時，記得買點當地名產贈送也可以，大約三千日圓左右（編按：約新臺幣七百五十元）的禮品就可以了。即使持續十年都送禮，所花的費用也大約在三萬日圓左右。或許有人會覺得這筆花費太多了，但這件事為你帶來的回報，絕對超出三萬日圓的價值。

送禮的人，因為心中有對方存在，所以才會送禮；而收禮的人，則是想著「這是某某人送我的」然後收下。透過送禮這件事，彼此都能想到對方，於是關係就得以維持下去。

所以說，送禮很重要。

最近幾年，越來越多企業開始「廢除虛禮」。所謂廢除虛禮，是指廢除形式上的禮儀和習慣。具體來說，就是廢除中元和年末的送禮，不寄送賀年卡，情人節不互贈禮物，不參加喪禮和守夜儀式等。

之所以這麼做的理由有很多，比方說刪減經費、提升業務效率和為了公平競爭等。老實說，送禮如果毫無誠意，只流於形式，那的確沒有必要。出於義務參加喪禮和守夜儀式，或許也沒有必要。

不過，如果是真心誠意送禮，那就另當別論。每逢中元和年末，如果想要和一些公司長久合作，建議一定要送禮。舉我周遭的例子來說，經常送禮的人，他們的工作能力都很好，也都很成功。

保持聯絡是信賴的基礎

對於想要維繫情感的人，除了送禮以外，也要透過寫信或電子郵件一年聯絡一次，可能的話，請盡量實際約出來碰面。「有些事想和您談談。好久沒見面了，很想與您當面聊一聊。」可以用這樣的方式相約見面。

至於談話的內容，即使沒有要緊的事也無妨。如果不是見面聊事情，只是剛好到附近時，也可以順道去拜訪對方，重點就是要保持聯絡。因為保持聯絡，就是信賴的基礎。

「每年都不忘送禮」、「一直與我保持聯繫」，這些印象便可以維繫對方對你的信賴。平時保持聯絡，一旦遇到什麼事，也比較容易開口向對方求助。

我認識一位大學教授，專門研究人際溝通，每逢中元節，我一定會送禮給他。前陣子，有人邀請我演講，題目是關於溝通。因此，我便聯絡那位教授，希望他告訴我溝通方面的最新資訊。他馬上回覆：「沒問題。我們用Skype來聊兩個小時左右吧！」他不僅告訴我最新的資訊，還提供了許多相關資料。「非常感謝您的幫忙！」我向教授道謝時，教授回覆我：「那是因為井上先生總是用心對待我。」

節日送禮，只是一個媒介而已。透過送禮這件事，向對方表達平時的感謝之意，與對方交心，這才是送禮的意義所在。

正因為彼此有交情，對方才願意不計利益的關照你。每逢中元、歲末和情人節都要表達心意，又要寄送賀年卡，或許做起來真的很辛苦。不過，至少一年一次，想到對方時就送個禮，應該不是什麼困難的事吧，大家不妨嘗試看看。

2 有事沒事都要常常跟朋友聯絡

在商業場合，大家都說「報告、聯絡、討論」（編按：日文中有「報連相」一詞，即報告、聯絡、相談的簡稱）很重要。為了讓工作順利進行，報告、聯絡、討論是不可或缺的溝通手段。不過，除了工作場合，在建立人際關係上，這三項也非常重要。尤其是報告和聯絡，能夠加深人與人之間的聯繫。

乍看之下，大家可能覺得，討論才是加深人際關係的最重要手段。但是討論往往會花費許多時間，也容易讓人產生莫名的壓力。

我認為報告和聯絡，才是最不會造成對方負擔的溝通方式。我們應該經常透過這兩項與人聯繫。

關於本書的製作，TSUTAYA的N先生幫了很多忙。N先生是我相識十二年的好友，我們共同製作了很多書。可是，在製作本書的時候，N先生因為職位調動，離開了製作團隊。

即使如此，但對我來說，N先生原本就是製作這本書的重要合作夥伴。所以直到本書完成，我都視他為我們團隊的一分子。自從我以作家的身分出道之後，他就與我同在，在我還沒沒無聞的時候，他也一直支持著我。

我也會向N先生報告這本書的製作過程，像是：

「最近每天都很熱呢！你好嗎？今天是最後一次討論會。」

「校樣（原稿經排版後的稿件）已經完成了！看起來很棒，真想趕快拿給N先生過目！」

「這本書決定在十二月出版。從一起開始企劃這本書以來，已經過了一年了。」

而N先生也會回覆我：

「托您的福，我很好。採訪辛苦了！」

「謝謝您的聯絡。我很期待拜讀您的書！」

「已經一年了啊！希望有機會再與您一起合作。」

在一個團隊裡工作，經常會因為組織的安排，而有職位調動的情況。遇到這種情形，有些人或許還會掛心之前所做的工作吧？「那件工作，現在不知道進行得如何了？」想必不少人曾經這樣想過。

我不確定N先生是否掛心之前的工作。不過，根據我和他長年的交情，我覺得他應該會想知道工作的進度。考慮到N先生的心情，我便經常向他報告書籍的進展。

有些人收到工作業務以外的聯絡，會覺得頗有壓力。因此，聯絡和報告的內容不需要寫得很詳細。

只要傳達「之前和你一起進行的工作，現在的進度是這樣」就可以了。至於對方會不會讀郵件或回覆，就不要太在意。

這類的報告和聯絡，或許對業務的進展沒有太大的幫助，但是卻能表現「我很重視你」的印象。透過報告和聯絡來強化人際關係，好的工作機會和好機緣才容易找上你。

3 無論男女，送花都是最棒的禮物

每逢生日或是開業紀念日，都有不少人會送花給我。在這些時候，往往是事前未聯絡，花束便送到了。收到花固然很開心，但我更感動的是，大家把我的事放在心上。

放眼周遭，習慣在紀念日送花的人，多數都事業有成。

無論男女，收到鮮花都會很高興。如果知道對方的喜好，那就另當別論，但不知道該送什麼禮物的時候，鮮花會是很好的選擇。而且送花也有等級之分。有些豪華花束會搭配蝴蝶蘭，如果是更高級的花束，甚至還會在蝴蝶蘭上，裝飾施華洛世奇的水晶。

各位不妨根據自己的預算，選擇合適的花束。要想更用心的話，可以講究花束的顏色。比方說，如果是在創業紀念日贈送鮮花，送上搭配企業象徵色的花束，對方應該會很高興。

交代店家代送時，資訊要盡可能詳細

無論是送花還是送禮，我一定會詳細交代店家以下五項要點：

1. 送達的日期（原則上是紀念日當天）。
2. 送禮人和收禮人的姓名、住址以及聯絡方式。
3. 祝賀事由（生日、開業紀念、新辦公大樓落成等）。
4. 是否附上禮簽、緞帶、信件或小卡片。
5. 是否加上包裝紙。

以前曾經發生過這樣的事。

我在外地出差時，曾致電給我經常光顧的花店，請他送花到我朋友的店裡。花店送了一束漂亮的花到友人店裡後，卻沒有告知送花的人是誰，只說一句：「我送花來了。」然後把花放著就離開了。

友人搞不清楚到底是誰送花，所以寫信詢問我：「井上醫師，難道是您送花給我嗎？」我回答：「我送花祝賀您開業。沒有說清楚送花的人是誰，真的很抱歉！」

我原本期待對方開心的表示：「我很感激您送花。非常謝謝您！」最後居然變成這樣的結果，真的很掃興。

收禮的人，如果無法馬上得知是誰送的禮，或許心中也會覺得不安吧。由於是我經常去買花的花店，結果我反而太依賴店家了，才會一時疏忽、沒有說明清楚。

在溝通時，不要認為別人都是你肚子裡的蛔蟲，知道你在想什麼。許多我們覺得理所當然的事，對方卻不這麼覺得。因此，為了讓對方充分了解，鉅細靡遺的交代也是一種貼心。

經歷了送花事件後，我重新體會到，一定得詳細且明確的交代事情才行。工作的時候，我一直都很重視流程。身為一名牙醫師，在手術時只許成功、不許失敗，從頭到尾的流程，都必須精準又明確才行。

如果想要趕快達到目標，只要略過某些程序，的確可以早點達到。不過，這樣一來只會導致品質下降，得不到滿意的結果。送禮這回事也一樣，一定要詳細的交代清楚。

送禮時，要詳細交代店家以下五點：

1 送達的日期（原則上是紀念日當天）。
2 送禮人和收禮人的姓名、住址以及聯絡方式。
3 祝賀事由（生日、開業紀念、新辦公大樓落成等）。
4 是否附上禮簽、緞帶、信件或小卡片。
5 是否加上包裝紙。

4 禮物，不用太貴，但最好背後有故事

無論是給主管、部屬或是客戶，在商業場合送禮，點心最合適。為了讓生意上往來的對象開心，在選擇禮品（點心）上，我會重視以下七個重點。

1. **價錢不要太貴**

如果送了太貴重的禮物，有時反而會讓對方傷透腦筋：「我該送什麼回禮才好？」收禮的人往往覺得很困擾。如果彼此有生意往來，突然贈送價值數萬日圓的昂貴禮物，也會讓人懷疑是不是別有用心。伴手禮的金

額，一般落在兩千日圓至三千日圓（編按：約新臺幣五百元至七百五十元）（出自日本西式甜點品牌「YOKU MOKU」官方網站的實用專欄）。雖然不須特別拘泥在這個金額，但是可以當作參考標準。

2. 禮品要有故事

前陣子，我收到「麻布花林糖」。花林糖（編按：麵粉製日式點心，油炸後外裹砂糖，口感酥脆）雖然是日本很普遍的國民點心，但是對方告訴我：「這是麻布十番超有名的花林糖喔！」我頓時興致勃勃，也格外開心。對方還告訴我：「我最近吃了這個花林糖，覺得很好吃，所以想讓井上醫師也品嚐看看！」比起單純說「請享用」，對方的這席話，使我覺得加倍開心。

送禮的時候，如果能加上一些故事或緣由，除了可以加深對方的印象，禮品感覺起來也更特別。比起將就買點東西當伴手禮，不妨買些能夠說出緣由的禮物比較好。

3. 符合對方的狀況

某位友人知道我正在健身、想要增強體能，所以送我綜合堅果當點心。堅果據說能減輕疲勞和增強內臟機能，是很適合運動員的食品。

那位友人很關心我，所以送給我這麼貼心的禮物，令我覺得很感動。每個人的狀況各有不同，適合的禮物也不一樣，如果對方收到合意的禮物，想必一定會更開心。

比方說，如果對方正在實施減醣飲食，就不能送高級巧克力，然後還說：「這款巧克力非常好吃，請享用。」反之，如果是送可以舒緩減重壓力的花草茶，對方一定覺得你很貼心，很高興的收下禮物。

體察對象的喜好和狀況，再決定送什麼禮物，表示你很為對方著想，關心對方。

4. 挑選只有當地才有的名產

出差拜訪客戶時，要買什麼伴手禮才好？建議買自己居住地或出身地的特產最好，像是只有當地人才買得到的物品，或是當地的著名點心。

5. 體積不要太大

考量對方收到禮品後，還要帶回公司或是自己的家，所以最好選擇可以放進包包，又不占空間的禮物。

6. 不會弄髒手

在商務場合收到的點心，通常都會分送給公司的其他同事，讓大家在工作時享用。因此，建議盡可能購買有獨立包裝的禮品比較好，既方便發送，吃的時候又不會弄髒手。

7. 小東西也無妨

我有兩個工作據點，一是在北海道的帶廣，另一處是在東京。一週有一半的時間，我都在東京工作。這樣的工作模式已經持續將近十年了，所以我每次來東京的時候，不會特意買伴手禮。

不過，我每次都會買只有北海道才有的牛奶糖，送給東京的朋友們。雖然只是小小的糖果，但是「北海道限定」的特色就很有價值，而且還可以隨手贈送，是很理想的小禮物。這樣的禮品，對方也可以輕鬆收下。

如果你經常出差，不妨準備一些當地的小東西當作伴手禮。

送禮給生意往來的對象，要注意七個重點：

1. 價錢不要太貴。
2. 禮品要有故事。
3. 符合對方的狀況。
4. 挑選只有當地才有的名產。
5. 體積不要太大。
6. 不會弄髒手。
7. 小東西也無妨。

5 飲酒聚會後，遞上一顆薄荷糖

與公司的主管一起吃飯、喝酒，是讓對方對自己留下印象的好時機。

比方說，在用餐或飲酒聚會結束後，可以很自然的拿幾顆薄荷糖遞給主管，並說：「這是能讓口氣清新的薄荷糖，可以吃一些。」部屬和自己分享好東西，這種不經意的體貼，會讓主管覺得很高興。遞上薄荷糖時，態度要輕鬆自然，對方也會欣然接受。

貼心的重點不是金錢，而是心意，這是一種關心對方的表現。

「飲酒聚會後遞上薄荷糖」，這雖然只是小小的動作，但如果平時就能持續累積這種小貼心，那麼你在主管或同事心中的能見度，一定會越來越高。

目送對方，直到計程車啟動離開為止

聚會結束後，主管或長輩要怎麼回家？這個時候，也別忘記展現你的貼心。

這時可以詢問主管：「您是搭計程車回家嗎？還是搭捷運回家？如果要搭計程車，我去幫您叫車。」如果主管回答：「我要搭計程車回家。」你可以進一步詢問：「您有沒有習慣搭哪家的計程車？」

「〇〇計程車公司服務很好，我都搭他們家的。」經常搭計程車的人，往往都有偏好的計程車行。

叫計程車之後，可以交代司機：「我重要的主管要來搭車，請司機先生多多關照。」待計程車上路後，司機或許還會對主管說：「您有位好部屬呢。他剛才對我說：『我重要的主管要來搭車，請司機先生多多關照。』」此外，在主管搭上計程車之後，請目送對方，直到計程車啟動離開為止。

我所提到的都是些小事，以部屬的立場來看，都是不足掛齒的小貼心。但是如果可以做到這種程度的體貼，一旦主管高興，你就會變成討人喜歡的部屬。

6 如果有人引薦你，要馬上拜訪對方

在商業場合，非常重視人與人的聯繫。想要推銷生意時，是否有人介紹引薦，待遇簡直天差地別。

有人引薦的話，當然比較好約對方碰面。想獲得客戶的信任，拜託他引薦工作時，該怎麼做才好？想必得讓對方萌生「很想幫你引薦」的想法吧。如果你這樣期待，平時就得有貼心的表現。

我經常去的服飾店，有一位店員O先生。每逢生日，O先生總會送我禮物。我後來才知道，他都是自己花錢買禮物給我。有一次，他拿了一件小東西說：「這是我喜歡的作家燒製的信樂燒（編按：日本陶器，產地以日本滋賀縣甲賀市為中心，為日本六古窯之一，最具代表性的是狸貓擺設）。」然後便贈送給我。雖然不知道價格多少錢，但是他自掏腰包送禮物給身為客戶的我，讓我很感動，也對他印象很好。

某次，O先生向我提到：「我想去大服飾店B公司拜訪推銷。」由於我剛好認識B公司的社長，於是對O先生說：「我幫你跟社長打個招呼。」之後，我馬上發郵件給社長，拜託社長與O先生見一面。

O先生馬上取得與B社長會面的機會，也約好實際碰面的時間。如果自行登門拜訪，他或許無法這麼快就得到機會與社長面談。由於O先生平時就很關心我，才讓我想要幫他引薦客戶。

如果對方幫你引薦了，要細心報告後續發展

別人介紹客戶給你時，要鄭重安排後續進展。首先，要承諾對方自己

會好好珍惜機會。

「承蒙您介紹重要的朋友給我，非常感謝。我會好好珍惜這個機會。如果您的友人有任何不滿意之處，還請不吝告訴我。有什麼做得不周到的，我都會改進。」

如果別人為我們引薦，我們馬上就要著手安排，並向介紹人表示會好好珍惜機會。事後，要再向介紹人報告自己和客戶的應對經過。

「我在某月某日，與您介紹的○○先生見面了。」

「過程是這樣的……。」

身為介紹人，想必會想知道事情最後進行得如何，如果詳細報告會面的經過，可以讓介紹人安心。鄭重的回應別人的引薦，對方便會覺得你是應對得宜的人，以後才會獲得更多的引薦機會。

7 對方說「不必客氣」，可別真的不客氣

與往來客戶或公司同事去喝酒，這些都是商業場合，可沒有「不必客氣」這回事。這裡所指的不必客氣，就是不分地位高低，大家可以毫無顧忌的飲酒作樂。

「大家今天不用客氣，盡情的玩喔！」就算別人這樣告訴你，你還是得遵守禮節。即使是下班後飲酒聚餐，也仍然沒有脫離工作的領域。酒喝得太多，本性就會展露出來。無論在什麼樣的場合，大家都在觀察著，如果酒醉鬧事，就會給別人「很不像樣」的印象。

如果真的很想喝酒，就去與公司毫不相干的地方喝吧。在商業場合的

飲酒聚會，喝酒要有節制，絕對不可以讓自己喝醉，建議大家務必留心。

接受招待時，要謹記出席的目的

某次有生意往來的企業，招待了一位教授以及連我在內的幾位醫師，到俱樂部聚會。俱樂部裡的小姐會來幫我們倒酒，或是調製飲料。

這場招待會的目的是什麼？其實就是企業想和醫師建立聯繫，進一步加強合作。因此，企業代表與醫師們的談話才是正事，小姐們在旁作陪，只是調和場面的氣氛而已。

有些人會和店裡的小姐聊得起勁，但我覺得如果想和小姐聊天，改天自己私下到店裡聊，不就好了？這對於招待我們到俱樂部的企業來說，也是一種貼心的行為。

不光是牙醫界，任何行業都一樣。接受招待的時候，要約束自己的言行，內心謹記「招待的目的為何」。

與老闆一起喝酒聚餐，點套餐才貼心

公司的經營者們，應該經常請自家員工吃飯吧。這筆費用，往往由老闆自掏腰包，或是從公司的經費支出。

宴會上，老闆或許會說：「大家盡量點，不要客氣啊！」因此在壽司餐廳吃飯時，有些人一下子就點鮪魚大腹肉或是海膽等高級料理；到烤肉餐廳就點特上等牛五花，就連飲料，也要點昂貴的紅酒。不過，以公司職員來說，這是不可取的行為。即使對方告訴你：「喜歡吃什麼就盡量點！」你也不能因此放縱自己大吃大喝。

無論是現在或是年輕的時候，每當我遇到這種場合，都是點套餐。到壽司餐廳吃飯，就點握壽司套餐，到烤肉餐廳就點定食套餐。

我認為這樣一來，彼此才可以安心舒適的用餐。如果真的想吃高級料理，自己花錢吃就好了。自己想做的事，自己也要能想辦法做到。大家不妨定下這樣的個人原則吧。

公司舉辦飲酒聚會，通常老闆也會在場。負責籌備的幹事，如果貼心的在一開始就安排套餐料理，這樣一來，吃的人和付錢的人都不必勞神。享用一人一份的套餐，大家都很省事，也可以專心談話。

現在受到新型冠狀肺炎疫情的影響，應該不大會吃到大盤子裝菜的料理，但我們還是先把這個原則謹記在心吧。

8 「你很特別」，任何人聽到這句都會超開心

無論是舉辦講座、寫書，我都會成立企劃小組。

如果只有我一個人，可以做到的事很有限。因此，根據計畫的需要，我會召集各個領域的專業人士一起工作，像是製作影片的專家、編輯書本的專家、招攬客人的專家等。有些工作人員已經協助我很多年，有些人只配合過一次。

有一位M先生，已經協助我好多年。據我所知，在出點子、企劃方面，沒有人比他厲害。他聰明絕頂，身為專家、技術也是一流，我經常請他幫忙在網路社群發布訊息，或是準備講座的資料。

不過，由於他太優秀，有時候反而會打亂整個團隊的步調。

例如，在小組討論時，他可能會突如其來的丟一句：「關於這個企劃，我加入根本沒有意義。」有時候或許是過於投入，他也會發脾氣。這時，整個團隊的氣氛就會降到冰點。

M先生確實很優秀，他自己應該也引以為傲吧。可是，應該有更好的方式可以表達意見才對，這樣就不至於破壞整個團隊的氣氛。他的能力如此優秀，真是可惜了。

如果自己是獨一無二的存在，那就另當別論。如果是「全日本（或全世界），都沒人擁有我這樣的能力」的話，或許可以堅持己見到底吧。一個人擁有獨一無二的技術和能力，那麼大家都會聽他的，就算擺架子，大家也可能排隊求他幫忙。

不過，多數人都不是這樣的人。

有團隊，才有個人，因為有自己，團隊才可以運作，兩者是相輔相成的關係。在這樣的架構下，要是過於表現自我、擾亂和諧，就會讓整個團隊離目標越來越遠。

我現在有工作可做，是因為有人委託我，他剛好認識我，也認可我的能力。我們應該經常抱持感謝的心，感謝別人給我們工作，這是工作時應有的態度。我也是一樣，以出版社出書來說，這件事也不是非我不可。想寫書、當作者的人多的是，出版社不一定非要找我，他們也可以花點時間、發掘其他新人。因此，我總是滿懷感恩的心，感謝別人給我工作。

也正因為這樣，各家出版社的編輯們，才願意找我合作吧。

先認同對方的意見，再表達自己的想法

「承蒙別人委託我工作，所以我不該有自己的意見」，這其實不是我要表達的意思。要向對方表達意見時，只要注意說話的方式即可。

表達意見時，建議各位不妨按照下列步驟進行。

我們可以先肯定對方：「您的意見很不錯！」接著再表達自己的意見：「如果再加上這個企劃，會不會有更好的成果？」

先考量對方的立場，接受對方的意見，在肯定的基礎上，再說出自己的看法。在工作上表達意見時，這麼做就是尊重對方。

無論是什麼樣的工作，都無法一個人獨力完成。相關的所有成員，都各自發揮自己的作用，所以工作才得以圓滿成功。如果有人執意堅持己見，破壞團隊氣氛，反而會讓原本順利進行的事，變得窒礙難行。工作往往得仰賴團隊的合作，因此在言行上，也要時常考量團隊成員的和諧。

某位男性在出版社負責企業出版，某天他來找我商量。

一般來說，出版書籍（商業出版），都是由出版社負擔製作書籍的費用。如果是企業出版，則是由作者負擔製書的費用。

這位負責企業出版的男性，每天都要按照列表，打上一百通電話，向各家企業的經營者推銷：「貴公司是否想要出書？」實際約時間見面後，再簽訂企業出版的契約。

他說，與經營者成功會面的機率很低，即使真的見面了，最後簽約的機率也不到一成。他問我：「井上醫師，您覺得該怎麼辦才好？」其實像這種情況，也是要想辦法讓對方高興，於是我便給他五項建議。

1. 表示對方是「精心挑選的特別客戶」

「你很特別！」如果聽到別人這麼告訴自己，通常都會很高興吧。

因此，在電話推銷的時候，不妨告訴對方：「您是我們精挑細選的客戶，所以才致電給您。」如果是企業出版的出版社，則可以告訴對方：「出書是招攬客戶的有效手段，很多人都想出書。而本公司的使命就是出版優良的書籍。因此，我們也有一套審查標準，只有符合標準的對象，我們才會致電說明。」

這樣的開場白，便會讓對方覺得「自己是對社會有所貢獻的特殊人物」、「自己是有社會地位的人物」，當自我價值受到認同，自然就會覺得開心。

2. 舉出同行業或是類似行業的經營者，透過企業出版獲得成功的例子

人在做決定或採取行動的時候，往往會先參考別人的行動再仿效。從心理學的角度來說，這叫做「社會認同」（Social proof）。簡單說，當人們看到社會普遍認為是「好」的東西，就會動心。許多人在社群上誇讚好吃的拉麵店，往往會大排長龍，正是這個原因。

如果有同行業或是類似行業，因為透過企業出版而成功，就要加強介紹這些案例，或是送一本樣書供對方參考，這樣就能讓對方更理解企業出版的價值。假使遇到愛和別人較勁的經營者，他或許會覺得：「某某人有出書，那我也要來出一本。」

3. 消除對方的顧慮

無論是哪一種商品，如果不會使用，內心就會產生疑慮。因此在對方詢問之前，我們可以主動請教對方是否有什麼疑慮，然後加強說明。

「您要出書嗎？」突然聽到這個問題，很多人心裡會想「我文章又寫得不好」或是「我又不是作家，怎麼可能寫書」。不過，請教出版社的人才知道，所謂寫書，很多都是由專業的寫手訪問當事人，再幫當事人把內容彙整成書。只要早一點告訴對方這些細節，就可以消除對方的顧慮。消除對方的顧慮，也是業務行銷的重點。

4. 介紹自家公司在業界的價值

所謂的銷售，就是販售自家公司的價值。比方說，銷售豐田的汽車，賣的就是豐田這個品牌；在售價上，也會反映「豐田出品」的價值。

人們如果覺得有價值，就願意付出相應的價錢購買。因此，在推銷的時候，要說出自家公司在業界的價值為何，這一點很重要。

此時不妨向對方說明：「出版社雖然很多，但我們公司到目前為止，已經幫○○和○○○等作者，出過很多優質的書。」企業出版的出版社，一定要這樣具體的介紹。只要明確介紹自家公司的價值，對方就會覺得：「我也想要這樣的出版社幫我出書。」

5. 比起電話推銷，不如請人引薦

一般的電話推銷，就是先透過電話約客戶出來面談，無非是希望最後與客戶簽訂銷售契約。既然如此，最快的方式，就是拜託曾經跟你買過商品的客戶幫你引薦。

如果有牙醫師曾經透過企業出版出書，你不妨請他幫你介紹其他醫師，這樣事情就好辦多了。對方大概也會覺得：「既然是○○醫師介紹的，我很放心，見上一面也無妨。」

不過，如果想拜託別人幫你介紹，前提是對你的印象要好。經常給人好印象的業務員請求幫忙，才會獲得正面回應：「沒問題，我幫你介紹。」至於如何讓人留下好印象，當然平時就得貼心，才能深受信賴。我會在下一篇說明，如何才能讓別人信賴自己。

上述五點建議，雖說是針對業務行銷，其實也能夠適用於其他行業。這些方法都是可以讓對方高興的貼心行為，建議大家也可以運用在職場之中。

推銷業務時，成功簽約的五項建議：

1. 表明對方是「精心挑選的特別客戶」。
2. 舉出同行業或是類似行業的經營者，透過相同產品或服務獲得成功的例子。
3. 消除對方的顧慮。
4. 介紹自家公司在業界的價值。
5. 比起電話推銷，不如請人引薦。

9 學推銷要找頂尖業務，學貼心呢？

我經常接到業務員的推銷電話，或是收到廣告郵件。在診療或工作以外的時段，如果我剛好有空閒時間，當我接到業務員的電話時，我都會聽聽他們怎麼說。

「我是井上，請問有什麼事嗎？」當我接起電話，我會請對方詳細說明推銷的內容。因為，我想學習業務員的推銷話術和方法。即使讀了很多書，但我學到的推銷知識還是很有限，而透過業務員實際當面推銷的經驗，我覺得能學得更多，簡直像遇到寶庫一樣。

自我啟發課程的講座也是一樣，為了招攬聽眾，有時會開放免費進場，或是把門票賣得比較便宜。雖然我自己也有相關的教材，但實際去參加講座，還是獲益良多。我通常都是聚精會神的聆聽講座的內容，因為我想學習如何銷售。

他們會用什麼樣的銷售詞彙？用什麼樣的話語才能打動人心？講座結束後會做什麼？我可以透過這些方式，加強自己的銷售功力。

如果別人向我推銷產品，最後我幾乎都沒有掏錢購買。也因此，我拒絕別人的技巧提升了，這也是一種學習。貼心這件事，也同樣需要學習。想知道如何體貼待人，就把自己想成是顧客，觀察一下別人怎麼表現貼心。

比方說，搭飛機的時候，觀察空服員的應對，或是觀察在一流飯店工作的員工有什麼樣的舉止，說話方式又是如何。從他們身上，我們可以學到非常多貼心的表現。

想成為一流人，就跟一流人學習

在人生中，我特別堅持一件事，那就是要成為一流。從我還是醫學生的時候，我就追求頂尖，立志要成為一流的牙醫師。

可是，所謂的「一流」究竟是什麼？以下是我對一流的定義：

- 外在儀容、工作、運動等方面，全部都很完美。
- 不只是現在，未來也能持續創造價值。

在「表現貼心」這件事上，我也追求一流。

為了成為一流，就要向更有成就的人學習。「我想變得跟他一樣」、「他很值得尊敬」，各位不妨從周遭找出這種值得學習的對象，學習他的思考方式並仿效。假使你的身邊都沒有這種人，也可以去讀偉大的經營者和學識豐富的人所寫的書，或者去聽演講，這些都是很好的方法。總之，就是盡量想辦法學習。

10 請客，最好安排在自己熟悉的店家

除了健身，我還邀請日本格鬥家大山峻護當我的私人教練、教我拳擊。他是南韓ROAD FC綜合格鬥世界大賽的首屆中量級冠軍。

拳擊最重要的，就是掌握好與對手之間的距離。

一開始，雙方保持一定程度的距離。我方保持準備姿勢，觀察對方的動靜。對方卻遲遲不行動，觀眾一直看著。裁判員喊著「開打」，於是我方按捺不住，開始縮短與對方的距離、準備出拳。自己要一邊維持防守的姿勢，設法進入對方的領域。

一旦進入對手的領域，就會被打得落花流水。因此，不管周圍如何叫

轟，拳擊手都不能貿然進入對手的領域，要沉住氣，把對方引到自己的領域來，這樣才比較容易得勝。引誘對方進入我方的最佳攻擊位置，就能夠提高得勝機率。

在商業場合，道理也是一樣。

進入對方的領域後，就可能任由對方宰割。反過來，如果在自己的領域之中，不僅成效會提高，還可以一邊招待對方，一邊談生意。比方說，請新客戶到自家公司開會，就安排他參觀自家工廠的高效率生產，也方便向新客戶介紹自己的主管。

招待貴客也是一樣。平時手頭上就要準備好一、兩間常去的店家，與重要人士餐會時，安排他到自己常去的餐廳，這樣就可以招待得很周全。

自己常去的餐廳，如果地點好、廚師的烹調手藝高超，就能夠打動對方。假使不是去高級餐館，就要選擇能夠提供特色料理，而且服務貼心的店家。

招待賓客的時候，選在常去的餐廳，就可以充分表現自己的用心。比方說，為了讓對方驚喜，可以請店家用特別的盤子裝菜，或是準備對方喜歡的飲料等。此外，只要事先跟店家知會自己要買單，即使對方想要結帳，店家也會告知對方：「帳單已經結清了。」順利結帳後，還可以請店家幫忙叫回程的計程車。

在自己常去的店家，便能把自己的貼心發揮到盡善盡美。對方受到如此周到的款待，或許還會覺得很不好意思呢。

在商業的領域，有所謂的「互惠原理」。受到對方的款待，自己也會產生「想要回報」的心理。舉常見的例子來說，在百貨公司的地下街，經常都會舉辦新品試吃會，而顧客也會想：「光是試吃，什麼都不買，也很過意不去……。」你是否也曾經在無意中買了試吃的商品呢？

社會心理學家羅伯特・席爾迪尼（Robert B. Cialdini）曾在他的著作《影響力》（*Influence*）中，提到這種用來說服他人的著名原理。尤其在說服和協商的時候，這個原理特別好用。

帶對方去自己常去的餐廳用餐，奉上最好的招待，甚至款待到讓對方覺得有點擔當不起，他便可能會覺得：「我接受了這麼好的招待，得做點什麼回報才行。」

不過，「想讓對方高興」的心意才是最重要的。用期待對方開心的心情來招待，對方自然會感受到你的誠意，也會真的感到愉快，商談交涉自然而然就會順心如意了。

11 新手怎麼跟老鳥拚業績？贏在貼心

想要提升自己的銷售額，就必須討客戶喜歡。但在公司內部增進人緣，也同樣重要。你與周遭人的關係，往往會改變事情的結果。而要增進人緣，靠的就是平日的窩心表現。

在我讀研究所的時候，我曾在某間牙科醫院擔任駐診牙醫，一週會去看診一次。

看診的報酬，除了基本薪資外，還會根據業績分紅。如果你想達到某種程度的營業額，也可以只接做高額治療患者的預約。由於當時有多位駐診醫師，因此我得想辦法，讓櫃檯人員願意「把高額治療的患者轉給井上醫師」。

要讓醫院的職員和患者對我有好印象，除了治療技術要好，也要注重清潔，讓人安心。更要有溫暖的雙手，具備專業知識，還要對人貼心。也就是說，除了具備令人信賴的醫師專業之外，還要能在外表和形象上讓人萌生好感。如果具備上述幾項特質，就會討人喜歡，業績也會不斷提升。

這不僅限於牙醫師。商業人士重視外在，也就意味著重視符合職業的專業形象，這絕對不是膚淺的想法。只要在實力和外在形象下工夫，無論公司、客戶和同事，都會喜歡你、支持你，你的營業額也會提升。

為了在公司裡獲得好人緣，便要注重溝通交流。

舉我的例子，我很注重學識的交流。參加研習會之後，我會製作淺顯易懂的資料發給職員，分享我的心得。我的用意就是讓大家也一起學習，希望能夠幫助大家。

各位不妨思考一下，該怎麼做，才可以增加公司內部的人緣。

12 遇到難相處的人，我用這兩招化解

曾有一位出版社的編輯來找我商量。

「我和一位作者合作出書，書的內容非常棒，可是他很容易動怒，這讓我很困擾。只要我說：『我覺得這裡不對。』他就會漲紅著臉發脾氣，搞得我什麼事都不敢講，真的無法與他共事，該怎麼辦才好？」

工作很棒、能力很強，不過，卻不懂如何溝通。

我想在任何公司或組織中，都會有一、兩位這種個性的人吧？我的周遭也有這種人。從結論上來說，與這種人相處，原則就是專注於結果、能讓則讓。

如果目的是做好書、做暢銷書，那就專注於結果，不要每件事都帶入感情。

如果目的是做出好商品，就專注的把商品做好，即使合作的專家很頑固，嘴巴很壞，都不要放在心上。與其糾結這些，不如把精力花在設法運用對方的優點，做出更好的成果。

當大家都在吃著蛋糕的時候，卻有人偏偏說：「我想吃大福（編按：日式點心的一種）。」此時你可以回答：「好啊。我去幫你買大福。」如此應承下來就好。

「做出好商品的人」、「構思好內容的人」，這些人本來就很有自己的堅持。如果不是這麼講究，也難以產生好作品。然而，一旦過度堅持，看法就會變得狹隘。因為本身抱持堅定不移的自我世界觀，因此無法為了配合或迎合他人，而在溝通上妥協。

想與這類的專業人士融洽相處，要注意兩項要點：

1. 不要爭論

對方語氣強硬時，不要也跟著大聲起來。對方用力打過來的球，如果再把它打回去，就會沒完沒了。因此即使對方語氣強硬，我們也要保持平時的語氣，輕鬆的回應就好。

人們聽到強硬的語氣，會直覺的認為自己被指責、或是有什麼地方做錯了，感覺好像被拒絕。不過，說話強硬的人，往往對誰都是同樣的態度。因此，他本身想必也經常被別人拒絕吧。

正因如此，當對方說話語氣強硬時，我們不妨溫和的接下對方的情緒，這很重要。如此一來，對方便會產生安心的感覺：「咦？這個人竟然沒有攻擊我？」甚至會覺得開心，之後也更願意與自己協力合作。因此，我們不妨抒解一下對方累積已久的情緒。

所謂的人際關係，只要改變自己的看法，對方也會跟著改變。

2. 認同對方

即使對方的意見與自己相左，也不需要反駁對方：「你的看法根本是錯的！」相反的，你要表示全然認同。無論是好的或不好的部分，都是對方的個性。如果勉強對方改變，他就會喪失自己的個性。因此，不要去否定對方。

我們應該著眼在好的部分：「您或許沒有注意到吧？我覺得您這點很吸引人。」「我覺得您的這個意見很棒。」不妨試著找出對方的優點，並告訴他。

著眼於對方的優點，他就願意把優點表現得更好。最終，我們就可以得到最棒的成果。

合作對象脾氣差、溝通不良，怎麼辦？

1. 不要爭論，用溫和的語氣溝通。
2. 認同對方，著眼於對方的優點。

第三章

比實力更重要的事，老鳥多半不會告訴你

1 職場高手都很會寫便條紙

早上的時候，在我稍微離開座位的一小段時間裡，院長室（我的辦公室）的桌上便會放著咖啡，還附上一張便箋，內容寫著：「院長，我幫您泡了咖啡。今天也請多多指教。」

比起只看到桌上放著咖啡，當我看到這張便箋後，心情也變得更輕鬆愉快了。

沒有實際見到面時，可以用便箋留言。便箋留言是很好的溝通工具，雖然只有簡單幾個字，卻讓人印象深刻。

「不好意思，今天我先下班了。〇〇先生回家時，也請注意安全。」

「最近很多人感冒，回家時請注意保暖。」

比主管還要早下班時，不妨可以在便條紙上寫下關心的話語，貼在主管的桌上，主管就會感受到你的心意。由於多數職員都是一聲不響的默默下班，所以留下這麼一張便條紙，主管馬上就會改變對你的印象。

在呈給主管的第一杯茶將要喝完的時候，可以貼心的對主管說：「我再幫您泡一杯新的茶，好嗎？」這樣做，也可以抓住主管的心。

日本許多企業和政府機關，都逐漸廢除幫上司泡茶的習慣，這似乎也是受到新冠肺炎疫情的影響吧。不過，許多公司還是會泡茶給主管和訪客。工作的地方如果也有泡茶的習慣，建議各位一定要試看看。

這時有一點請特別注意，當主管的茶快要喝完時，不要只是回沖，重點是要換上重新泡好的茶。

2 交報告前，一定要仔細檢查

在工作場合，拿資料請主管確認核准，是很常有的事。

舉凡會議資料、企劃書、公司收到贈禮時的感謝信等，都要經過主管核准後才可以提出。在職場工作的人，應該都有類似的經驗。

請主管確認核准時，有些事一定要特別注意：

「自己已經做到一〇〇%的程度再提交。」

「已經盡了全力。」

工作一定要到上述的階段，才可以向主管開口：「麻煩您幫我確認一下，好嗎？」

如果還只是在不完備的階段，就呈給主管過目，主管就得花兩、三次的工夫幫你確認。

「咦？我希望你輸入的內容，怎麼少了一部分？」

「這個數字，位數打錯了吧？」

「這份企劃書的排版太擠了，看起來很吃力。」

確認部屬的工作，是主管的職責；而盡可能減輕主管的工作，則是部屬該做的事。能幹的部屬懂得減輕主管的工作，上司也會對他青睞有加。

時常思考該怎麼做，才可以減輕主管的負擔

在我經營的牙科醫院中，會請就診的患者填寫病歷表。前陣子，櫃臺人員重新製作了病歷表的格式。

櫃臺人員製作的新病歷表，經過我確認核准後，就會正式使用。而在

製作的過程中，櫃臺人員會把病歷表的格式呈上來、希望我先過目、確認。

他們給我看的是手寫的版本，但實際使用的病歷表，應該是用 Word 製作完成的版本。病歷表的內容設計得很周到，除了個人的基本資料，還請患者填寫期望的治療方式，適當的蒐集了我們想得知的資訊。

不過，光從手寫的草稿來看，我無法得知實際會採用何種字體，以及文字的大小如何。排版如何？文字的間隔是否適中？看起來是否舒適？這些我都無法判斷。

如果不是用 Word 製作的完成版確認，醫院怎麼可能拿來用？也就是說，櫃臺人員必須用 Word 排版後，再重新讓我確認。

也許櫃臺人員只是想先讓我看一下表格的項目吧？如果用 Word 做好再請我看，要是遇到項目太多或是太少，或許就不方便修正。我可以理解他們的想法。

不過，在病歷表製作完成後再請主管過目，可以為主管節省許多時間。這對我來說，也是很貼心的表現。

高品質的工作，是邁向成長的捷徑

把高品質的工作成果呈給主管過目，對自己也有好處。那就是，你或許可以因此得到更高階的建議。

「部屬已經進步到這種程度了。如果給他更高階的建議，他應該也做得到吧。」如果可以讓主管這麼想，你就會得到水準更高的建議，成長的步調也會加快。

當然，依據工作類型不同，有些案例是需要報告進度的。有的主管也會要求部屬，在工作進度進行到一半時，先呈上來確認。因此，如果擔心的話，可以事先和主管商量，請示主管想在哪個階段先確認內容。

不過一般來說，自己已經做到一〇〇%的程度，到這個階段再提交給主管過目，是最起碼的體貼做法。

提交資料請主管確認時，自己必須先確認好以下三個重點。

1. 是否都已填上主管交代的要點

注意是否都已確實將主管交代的重點，填入文件之中。最好要事先確認，不要遺漏內容。

2. 再花點心思，把內容修正得更好

除了主管交代的部分以外，自己再把資料調整得更好。如果完成的資料超乎期待，主管就會對你刮目相看。

3. **確認沒有漏字或是錯別字**

出社會工作，要特別小心不可以出現漏字或是錯別字。如果遇到不懂的詞彙，一定要查字典、確認清楚。

仔細確認上述三點之後，再上呈資料，就能減輕主管的負擔。這樣一來，你一定會成為主管特別關照的部屬。

提交資料請主管確認核准時，先確認這三點：

1. **是否都已填上主管交代的要點。**
2. **再花點心思，把內容修正得更好。**
3. **確認沒有漏字或是錯別字。**

3 超前布局，就是一種貼心

在我經營的牙科醫院中，會實施教育訓練，目的是讓每位員工的能力達到標準，同時希望大家可以不斷成長。

某次，我詢問剛來醫院工作的口腔衛生師A小姐：「妳已經接受過電腦斷層攝影（CT）的教育訓練了嗎？」對方回答：「還沒有。」

我詢問負責指導口腔衛生師的B醫師：「她的教育訓練目前是什麼情況？」B醫師回覆：「好像才做到一半，資深的口腔衛生師會繼續訓練她。」也就是說，原本應該做的教育訓練，卻沒有確實執行。發生這種問題時，我認為B醫師的處置還不能稱得上完善。

出現問題的時候，可依據兩個步驟來處理。

1. 釐清根本的問題點，思考解決方法，避免再度發生同樣的問題。
2. 處理當下的問題（這裡指重新對A小姐實行教育訓練）。

其實，本來應該要這樣報告：「由於沒有充分交代，導致A小姐沒有完成教育訓練。以後我會明確交代，實施教育訓練的日程以及評量標準。會在〇日內重新對A小姐實施教育訓練，預計〇日結束。」

問題發生時，首先要找出問題的真正原因，這點很重要。

水管漏水時，找到裂縫補起來，可以避免短時間內再次漏水。如果根本原因是出在水管老化或是阻塞，那麼只要某個部分水壓變高，就可能再度漏水。

若是不從根本解決問題，還是會出現漏水的狀況。假使放著不管，等到水管破裂，或許會造成更大的損失。所以，問題發生時，一定要找出真正的原因（問題的根源）。

如果問題關係到員工，更要謹慎處理。試想，要是員工覺得只有自己沒有接受教育訓練，或是訓練被中途停止，豈不是很傷心？最可惜的是，當事人也錯失了成長的機會。

避免再度發生相同的問題，便是主管應該留心的事，維持整個工作環境的順利運作，也是其職責所在。

出現問題時，用這兩個步驟解決：

1 釐清根本的問題點，思考解決方法，避免再度發生同樣的問題。
2 處理當下的問題。

4 主管這樣做，部屬會一輩子感謝你

培育部屬，重點在於幫助他們成長，創造成果。為了達到這個目標，許多主管往往會丟出一些難題讓部屬處理。

舉體育界的例子來說，人們總以為透過激烈、痛苦的訓練，才可以逼出成果，獲得成功。然而，如果真心想要培育部屬，那麼在第一個階段，就要讓對方以正向的態度接受訓練。一旦員工以正向態度接受訓練，就更願意努力，成長也更快。

在訓練員工的過程中，要付出極大的耐心。在最初階段所提出的課題，是要讓對方稍微努力就可以完成的。第一次不會，與其責怪他為什麼做不到，不如告訴他第二次要怎麼做才會成功。如果第二次還是不會，則建議他第三次要怎麼做才會成功。一直到他完成課題為止，要百折不撓。

或許有人覺得：「採取這種做法，不就一直無法前進嗎？」其實，一點一滴的累積進步，看似繞遠路，卻是捷徑。

日本運動評論家、前田徑選手原晉，在青山學院大學擔任田徑社教練的時候，他帶領青山學院大學奪下「箱根驛傳」接力賽（編按：全稱為東京箱根間往復大學驛傳競走，由日本馬拉松之父金栗四三於一九二〇年創辦，目前於每年的一月二日至三日舉行）的優勝。原晉教練表示，之所以能在箱根驛傳中獲得優勝，是因為：「要求孩子達到超出能力太多的目標，簡直是妄想。因此，我給孩子們的目標會稍微超出他們的能力，讓他們以理所當然的步調往前邁進。」然後，他進一步表示：「這是要不斷持續的。」

有了自信，就會變得更積極

在我的牙科醫院也是一樣，員工學會了某項工作技能之後，我就會指導他接著學習下一項。

以轉接電話的例子來說。一開始，由於職員不知道如何轉接電話，所以要仔細指導。首先，我告訴他：「請具體詢問對方是誰，找院長有什麼要事。」

不過，當職員接到電話時，經常一不小心就忘記我的交代。「院長，有外線電話。」有時候，職員只是簡單喊一句，就把電話轉給我。遇到這種情況，我會回覆他們：「請詢問對方哪裡找？有什麼要事？」等到員工已經學會了，就教下一個步驟。

外線電話不外乎兩種，一是院長必須接聽的電話（患者或熟人打來的），二是沒必要接聽的電話（推銷電話）。如果是沒必要接聽的電話，就請職員轉達：「院長現在不接這種電話。」培育部屬這件事，一定要很有耐心。

或許有人認為：「轉接電話這種小事，簡單教一教，馬上就能學會了吧？」但如果能一開始就馬上學會，大家就用不著這麼辛苦了。

不會的事，就是要一步一步的指導。「前陣子，我打電話給某間店，他用這樣的語氣回應我。我真的好感動。」偶爾也可以分享自己的經驗，向員工機會教育。

如此一來，相信職員會越來越得心應手。一旦他們產生自信，在工作上往往會變得積極。就算我沒有特別交代，他們也會自己主動思考：「怎麼樣才是最好的電話應對。」

我的醫院裡，有位女職員負責接電話，某天她問我：「院長，我想學習良好的電話應對，該讀什麼書才好？」員工自己主動想要做好工作，成長起來也會更快。除了電話應對外，她也很積極的處理其他工作。

營造開放友善的環境，與部屬敞開心胸說話

主管和部屬之間，必須營造開放的對話氛圍，這點很重要。所謂的開放，就是指彼此沒有隔閡，能夠放心表達自己的想法，而對方也願意聆聽接納。

主管在部屬遭遇挫折、記不清工作項目的時候，絕對不要生氣。當部屬做你交代的工作，遇到不懂的地方向你請示時，與其斥責：「我不是早就教過你了？」「為什麼講了這麼多次，你還是不會？」不如耐心的指導他該怎麼做。

在開放溝通的職場環境中，部屬會覺得，即使做得不夠完美，也可以跟主管討論，和主管商量該怎麼處理。遇到問題時，由於可以放心的提出來商量，也更容易發現問題的癥結所在。

如果主管太過嚴厲，讓部屬不敢開口報告，會發生什麼情況？想必部屬即使遇到問題，也會瞞著不說，悄悄掩飾過去。如此一來，就算原本只是小問題，最後也會變成大問題，甚至演變到無法收拾的地步。

耐心培育部屬，藉此加深彼此的情感

培育一個人成長，重點是要有耐心。

有一位女性名叫柴村惠美子，她是日本實業家齋藤一人的首席弟子。當齋藤一人在日本全國高額納稅者排行榜上排名第一的時候，她自己也榮登第八十六名，事業經營得非常成功。由於我與她都是出身北海道十勝，因此經常見面。她說話總是十分正面積極，每次與她見面，都能從她身上獲得滿滿的正能量。

據說，齋藤一人好幾次對惠美子說：「寫本書吧。」但是惠美子卻遲遲不動筆。此後他依舊鍥而不捨的勸惠美子小姐：「說了十次還不寫，我就說二十次。說了一百次還不寫，我就說一百零一次！」

直到現在，惠美子已經寫了好幾本書。

齋藤一人在培育弟子的過程中，也非常有耐心，他不斷鼓勵弟子，直到對方做到為止，於是師徒之間建立了緊密的情感。公司的主管和部屬相處，想必也是同樣的道理吧。

5 沒事的，你不用擔心

某次，有人來找我商量重大的事情。當時，我安靜的聽對方說明。在他說完之後，我告訴他：「沒事的，應該不用擔心。」後來，那個人對我說：「身為教練，您應該曾給很多人意見吧。謝謝您靜靜的聽我說話。」

其實，我經常安靜的聽別人傾訴。尤其是當部屬找我商量時，我都是安靜傾聽居多。當別人請教自己時，說出自己的意見，或是提供建議，都是貼心溫柔的表現。不過，不表示意見，有時也是一種貼心。

在大多數情況下，我們找人商量的時候，並不是想得到什麼建議，只是希望對方接受自己的感受和想法，然後表示肯定。

因此，在聽完對方的一席話之後，只要表示：「你可以做到的，沒問題。我相信你。」這樣就好，不需要特別解釋自己為什麼相信他。尤其是我牙科醫院裡的年輕職員，如果對他們說「認真點」，往往會產生反效果，因為這種方式使他們倍感壓力。對待年輕的職員，重要的是接受他們的現狀。

給建議前，先思考如何讓對方接受

提供建議的時候，不要過於直截了當，要用委婉的方式。比方說，早會的時候，不要在大家面前，針對當事人給建議，而是講給全體同仁聽：「我做事的態度是這樣的。碰上難題時，我都是這樣走過來的。」

對方遭遇挫折、因而灰心喪志時，如果當面給他建言，可能只會讓他覺得更沉重、內心也會產生防備。「井上醫師和我不一樣！」對方往往會產生抗拒的想法，或是直接回嘴辯駁。這樣的話，我們就很難確實的建議對方。

提供部屬建言的時候，重點是貼心的站在對方的立場思考。要是遇到希望我們直接給予建議的人，請先思考兩件事：

- 對方可以接受什麼樣的建議？
- 對方在什麼狀況下可以接受建議？

先思考過這兩點再提供建言，對方就比較容易真心接受。

例如，有些職員的工作速度和反應都很快，但偶爾會粗心大意。面對這類職員，可以先稱讚對方工作速度飛快，幫了自己很多忙，接著再進一步表示：「因為我想委任更多工作給你，希望在你確認最後結果的時候，不要只是求快，可以更謹慎一點。這樣的話，就能夠加倍提升你的工作成效。」

由於我們提供的建言，並未否定對方，只是希望他將來變得更好，所以聽在對方耳裡，就比較容易接受，他也會期待自己更進步。建議他人時，不能自己想說什麼就說什麼，而是要思考該說出什麼樣的建議，對方才能接受，要多重視聽者的立場。

6 從旁觀察，讓部屬自己作主

作為關照新人的前輩，或是站在經營者的立場，看到年輕的新同事加入了職場，總會想提拔新人，或是為他們創造表現的機會吧。因此，便會漸漸將他引薦給許多人，或是不斷交付他一些很有發展性的工作。

一開始，年輕的後輩見識到新世界，很高興也非常努力。但是，每個人的能力和努力都有限度。有時可能遭遇很大的失敗，或是因為退卻而無法發揮實力。

雖然很想做出一番事業，但是實力有限；很想接下大案子，卻因為能力不足而無法完成。當他們體認到理想和現實的差距之後，心理上往往無法調適。

如果我發現職員出現這種情形時，我會告訴他：「你不需要太勉強自己。」然後再鼓勵他：「以我自己的經驗，當完成了A工作之後，就算是跨越了一道關卡。然後，才有現在的我。所以，我也想要讓你嘗試一下。我想推你一把。」

這一席話，可以緩解對方遭遇瓶頸時的挫折心情。大部分的部屬聽了這番話，經過一番調適後，就會再對我說：「我想再努力看看！」

不要逼迫部屬、把部屬逼得太緊，這點很重要。也別一味指責部屬：「你要再做得更好一些！」「你為什麼做不好？」

根據部屬的工作腳步，調整工作量

每個人適應工作的步調（進步的程度）都不一樣。

工作能力強的資深老手，很快就可以俐落的完成工作。但如果換作是資歷尚淺的新人，連自己的步調如何，都還搞不清楚吧？假使他只能以小步伐的步調慢慢進步，要是勉強他邁大步伐的話，只會跌倒。

主管不妨觀察部屬的狀況，並且接納他。如果發現他做得很吃力，可以適時對他說：「不要太勉強自己。」如果部屬自己很想嘗試看看，不妨用「幼兒學步」（baby steps）的方式鼓勵他。

「baby steps」是用來鼓勵人的話，意思是「（像幼兒學走路一樣）慢慢來就好」。鼓勵部屬踏出第一步，即使只有微小的一步也沒關係，包容他們慢慢的持續進步，陪他們維持穩健的步調，調整工作量。

抛出課題給部屬，觀察他可以完成的分量，然後再視情況幫他調整工作量。直到部屬抓到自己的步調為止，主管還是得從旁觀察並協助他。這是培育部屬時該做的事，也是協助部屬成長的貼心表現。

7 儀容，代表你的誠意

我熟識的醫大教授，在醫務室（研究室）的出入口裝了一面大鏡子。他認為：「守禮，以及無論何時都保持乾淨整齊，是醫師的重要守則。」他也要求醫務室的醫師們：「請整肅儀容後再進來。」

與重要人士見面，要著襯衫、繫領帶，並套上外套，這是一種禮貌和尊重。與人見面時，穿著乾淨整齊，這是對他人的敬意，意思就是「我特意穿著得體來見你」。

與上位者見面時，我會穿上熨燙得平整的西裝，並搭配乾淨的襯衫。出席重要場合時，我還會再繫上領帶。

如果不是白天會面，而是晚上要與重要人士聚餐，建議最好再帶一件替換的襯衫到公司。因為襯衫穿了一整天，一定會弄皺，而且有時還會沾上汗味。

至於女性，則是要避免打扮得太過花俏華麗。

如果是上班服，連身裙加毛衣也可以。不過，如果要與重要人士見面，建議還是要穿套裝，或是套上外套。在商業場合，比起可愛，不如給人乾淨整齊、穩重的印象。妝容簡單自然即可，重點是讓人覺得清爽。

即使不說話，但由於你穿著整潔得體，對方也會覺得受到尊重，進而對你留下好印象。

如果一起用餐，則是要等對方動筷後，自己再動筷。聽到「請用」這句話之後，才可以開始用餐。

「穿套裝赴約」、「讓對方先動筷」，這些都是理所當然的商業禮儀。徹底遵守這些理所當然的禮儀，也是對對方最基本的尊重。

至於交換名片和行禮的方式等基本的商業禮儀，市面上也有不少書籍可供參考。大家可以大致看一下，了解這些基本禮節。

事前充分準備，見面時就能有最佳表現

年輕的時候，我曾透過書籍和DVD，徹底學習小笠原流禮法（日本小笠原家代代相傳的禮法）和國際禮儀。像是筷子的拿法和放法，怎麼拿器皿等，無論日式料理或西洋料理，應該都要先學好相關的禮儀。只要學會這些禮儀，手的姿勢自然就會賞心悅目。

某次，我一邊喝咖啡，一邊接受出版社的採訪時，編輯突然問我：「井上醫師拿咖啡杯的手勢很好看！您私底下也是這樣拿咖啡杯的嗎？」說真的，我也是在這位編輯詢問我之後，才注意到這件事。

幸好我曾學習過相關禮儀，所以才得以讓對方留下好印象，那次的經

驗讓我覺得很開心。

與上位者見面時，如果想要表現得更隆重，就要確保自己在最好的狀態下出席會面。假使我在下午一點要與重要人士見面，為了在會面時有最好的表現，從一大早開始，我就會徹底實行自我管理。

早上我會先做皮拉提斯運動，這是為了鍛鍊肌肉以及調整體態。

前一天我會準備好會面要穿的服裝，並另外帶著。到了會面的前一個小時，我就會換好服裝。這是因為服裝剛換好的時候，會有一點不服貼。等到穿了一個小時左右，就會變得比較好活動，看起來也比較筆挺、有精神。至於鞋子，當然也是擦得發亮。

會面前，要注意別吃太多。吃太多的話，肚子會凸出來，影響美觀。而且要是吃得太飽，還可能讓你昏昏欲睡。不妨適量吃一些營養均衡的輕食，少量攝取醣類，促進大腦清晰靈活。

至於談話的內容，至少也要在前一天就準備好。

由於你十分用心準備會面，對方一定感受得到你的誠意。如此一來，會面的結果一定也會如你所願。

8 初次見面，怎麼送禮？

如果想讓重要人士對自己留下好印象，在初次面談的時候，可以奉上簡單的伴手禮。如果送的是點心之類的伴手禮，挑選時要注意兩項要點：

1. 拿起來輕鬆、不負擔。
2. 吃的時候不會弄髒手和衣服。

忙碌的職場人，都很討厭身上帶太多物品。因此，能夠輕鬆收進包包的點心就很適合。而且，還要選擇裡面是個別包裝的點心，讓對方即便在工作的空檔拿來吃，也不會弄髒手。

比方說，買了個別包裝的迷你銅鑼燒當伴手禮。送上迷你銅鑼燒時，如果加上底下這段話，不經意間就能讓對方留下好印象：「我上週旅行的時候，發現了這個很好吃的銅鑼燒。尺寸也很迷你、剛好可以一口享用，儘管不多、只有五個而已。〇〇社長工作繁忙，想說您工作疲累的時候可以享用。」對方如果想到有人在幾天前還想到自己，應該也會很高興吧。

至於如何挑選禮物，我曾在前面的篇章說明（請參照第八十三頁），各位可以一併參考。

與重要人士會面時，視情況不同，應對方式也會不同，但此時必須秉持一項基本原則，那就是由我方來提問，盡量讓對方開口。人們在說話時，旁人若是專心聆聽，說話者就會很愉快。

帶了一堆推銷自己的資料和作品前去拜訪，然後光顧著自己講話，這絕對不是妥當的行為。

初次見面時過度推銷自己，小心產生反效果

初次會面的首要任務，就是讓對方對你留下好印象。因為第一眼的印象，決定了一切。這時用不著急著讓對方知道你以往的豐功偉業，而且要對方把你的作品帶回去，也可能造成困擾。

真正該讓對方帶回去的，不是你的豐功偉業，而是對你的好印象。面談的當下很重要，這關係到是否還有往後的聯繫。一個人的成果即便再豐碩，如果會面時沒有留下好印象，對方就不會想再與你見面。

如果想告訴對方你以往的成果，就等回到公司以後，藉著寫郵件致謝時，加上一句：「請容我簡單的自我介紹。如能撥冗過目，將是我的榮幸。」再附上簡短的自我介紹即可。至於如何針對面談一事表達謝意，我會在下一篇與大家分享。

9 面談過後，一定要當天致謝

迅速回覆，是貼心的重點之一。與人會面後，原則上應該當天致謝。

有些人覺得感謝信很難寫。不過，其實不必把這件事想得太困難。與經營者或往來客戶的主管會面後，如果想寫封信感謝對方，只要根據下列五點，表達自己的誠意就好。

關於如何寫感謝信，我在第一章（第二十八頁）也曾稍微介紹，這裡我以實際寫感謝信的角度，跟大家分享更具體的寫法。

1. 針對面談一事致謝。

2. 誇獎對方的公司（內容要具體）。
3. 誇獎對方（內容要具體）。
4. 說明自己的感想。
5. 再度致謝。

・致謝郵件的範例

我是今天拜訪貴公司的某某某。感謝您撥冗與我會面。

從貴公司的櫃臺人員開始，貴公司的職員給人的感受都很愉快，令我非常的感動。

十分感謝您撥冗與我這樣的年輕晚輩會面，如某某社長這般的成功人士，氣度就是與眾不同。

今天得以與您見面，我真的非常開心。

容我再次向您致謝。非常謝謝您。

寫信時，也要注意信件的內容不要太冗長，以免造成對方閱讀上的負擔。

我在參加牙科的研討會之前，一定會先向擔任講師的教授致意：「今天有幸能來聽教授演講，還請教授多指教。」研討會結束後，我也會向講師致謝：「今天的演講真是精彩，謝謝您。尤其是教授提到的○○，真是讓我受惠良多。我打算從明天開始，照您說的去做。我也很期待您下一次的演講，還請多多指教。」

如果無法當面致謝，我也會寫封電子郵件向對方致意。

某天，有位教授竟然稱讚我：「井上先生很了不起！」當時我被誇得有些莫名其妙，原來他是誇獎我有致意和致謝的習慣。其他的聽講者，好像不會特意去向他致謝。

我因此得到了講師們的特別對待嗎？我不確定。不過，講師們確實都對我很好。

感謝信的具體寫法：

1. 針對面談一事致謝。
2. 誇獎對方的公司（內容要具體）。
3. 誇獎對方（內容要具體）。
4. 說明自己的感想。
5. 再度致謝。

10 笑容，通行無阻的語言

在商業場合上，我很重視笑容。因為笑容可以調和人際關係，使人心情放鬆，更願意說出真心話。

對待患者時，我會盡可能說一些有趣的話，好讓他們覺得輕鬆、愉快。比方說，我幫年長的女士植牙時，大概會這樣說。

「老奶奶，我會幫您把牙齒做好一點，讓您變美女喔。」

「等牙齒做好，講話更清楚，會年輕好多歲喔。」

「我會幫您做得好像年輕三十歲喔！啊，不過三十歲的確是有點勉強啦……。」

治療的時候，我會像這樣說說笑、緩和氣氛，安撫患者們的情緒。

患者在牙醫師面前通常很緊張，往往無法順利說出想做什麼治療，但是在充滿笑語的輕鬆氣氛下，心情會舒緩一點，於是可以放下戒心、說出真心話。這樣一來，醫師也才能知道，患者真正想做的是什麼樣的治療。

治療牙齒有時候需要取齒模。治療蛀牙，要在牙齒上開洞的地方放入柔軟的填充物，花一點時間讓它變硬，最後再取下齒模。這個時候，醫師通常會說：「齒模取好了。今天的治療結束了。」換作是我，我會把取好的齒模拿在手上，然後告訴患者：「齒模取得很好。做出來會很漂亮喔。」患者往往會很高興的說：「真的嗎？」而我只是多說了一、兩句，讓患者高興的話而已。「要怎麼做，才可以讓患者開心？」我一直思考這個問題，才想到可以說這些話。

我曾經和一位飯店的工作人員分享這件事，那間飯店我也常光顧。某天，我點了咖啡，那位工作人員以我聽得到的聲量，馬上吩咐其他的工作人員：「請拿一杯美味的咖啡給井上醫師。」

咖啡豆和泡咖啡的方式，應該都與往常沒有兩樣，但因為加了「美味」兩個字，讓我聽了之後覺得很高興，臉上也自然掛著笑容。這杯咖啡喝起來，似乎也比以往更好喝了。只要多說一、兩句話，真的可以馬上讓對方笑逐顏開。

在我主講的演講場合，笑的元素也是不可或缺的。

如果是中餐過後，當我站上講臺演講，往往會發現臺下的聽眾不是在打瞌睡，就是聽得昏昏欲睡。這種時候，也可以對大家說：「大家剛吃完午餐，都很想睡覺吧？但我們一起加油喔！」

不過如果這樣說，可能會讓打瞌睡的人心生罪惡感。因此，我會用幽默的語氣對大家說：「很想睡吧？我看著大家，眼睛也好像要閉起來，差點就要打鼾了呢！雖然一下子就回神了啦！大家還好嗎？還醒著嗎？」

頓時，整個會場充滿笑聲，也有人聽到笑聲之後就清醒了。由於我的語氣帶點幽默，不會讓臺下的聽眾產生罪惡感，場面也很和諧。

除了演講，與編輯洽談或是與重要人士用餐時，我都會盡量營造愉快的氣氛。透過笑容，不僅可以讓場面輕鬆和諧，人際關係也會變好。請大家一定要意識到笑的重要。

11 到別人家做客，六件事不能忘

出社會以後，有時也會受邀到同事或主管的家中拜訪吧？拜訪前輩和主管家的時候，別忘了以下六項貼心表現。

1. 脫下的鞋子要擺放整齊

到別人家裡拜訪，將鞋子擺放整齊是種禮貌。養成習慣把鞋子放整齊，內心也會有紀律。不妨平時就培養這種好習慣。

2. 多幫忙做事

受邀到別人家裡時，請視情況向對方表示：「有什麼需要我幫忙的地方嗎？」「請讓我幫忙整理。」即使對方拒絕你也沒有關係，重點是你展現了誠意。

3. 嘴巴要甜，多稱讚

到別人家裡拜訪，絕對不要忘記嘴巴要甜。除了可以稱讚家具等物品，如果對方的小孩或伴侶在場，也可以稱讚：「好有精神的孩子呢！」「先生（太太）很精明能幹喔。」人們受稱讚時都會很高興，對方也會記得你曾經誇獎過他。

4. 記得帶伴手禮

前面曾經提到，要帶有故事的伴手禮。如果是有小孩的家庭，還可以準備一些小孩子喜歡吃的小點心。

5. 飲酒不可過量

在別人家中，有時候因為太放鬆，一不小心就可能喝太多酒。所以即使對方挽留你，也要以「明天還要上班」為由，早點告辭才是上策。

6. 回家後要寫封信或發個訊息致謝

回到家後，請不要忘記寫一封電子郵件致謝。信件中，別忘記再誇讚一下對方的家。比方說：「看到您兩位的家，我也好想建立那樣棒的家庭。您對我如此款待，十年後，我也想這樣對待我的部屬。今天很高興承蒙您招待，非常愉快，真的非常謝謝您！」

如果有這樣的貼心表現，想必在公司也會成為受主管青睞的部屬。

去主管、同事家拜訪時，要注意六個重點：

1. 脫下的鞋子要擺放整齊。
2. 多幫忙做事。
3. 嘴巴要甜，多稱讚。
4. 記得帶伴手禮。
5. 飲酒不可過量。
6. 回家後要寫封信或發個訊息致謝。

12 有一種貼心，老闆聽了最窩心

經營者都很孤獨。他們承擔重任，不僅要拚命檢討當期的數字，又要思考公司未來的經營走向。收益增加時，沒人提起；一旦經營數字出現虧損，馬上就有人吵著要追究經營者的責任。

員工們不認為虧損與自己有關，反而覺得是公司的問題。這時，經營者往往倍感孤獨，會覺得「自己被當成外人」。

越是在數字虧損的時候，如果有員工可以體諒經營者，思考該怎麼做，才能提升下個月的營業額，要是員工一起並肩努力，經營者會衷心覺得獲得救贖。

「這個月來客的狀況真是不理想，我也來向熟人介紹一下我們公司的商品吧。」

「再加強宣傳我們公司的優點吧。」

即使是負責行政工作的員工，如果可以抱持這些積極的想法，經營者也會很欣慰。

要是家人有困難，我們都會想盡辦法幫助他們吧？因為會覺得是自己分內的事。同樣的，如果公司有困難，也請大家當成自己的事來看待，然後一起想辦法度過難關。

或許你會擔心：「我不懂經營，卻還幫忙出主意，會不會很不自量力？」不過，經營者如果知道員工有這份心意，就會更有動力繼續努力。

了解公司的使命，隨時意識到自己是在公司的使命之下，做自己的工作，這是對經營者不可或缺的貼心。全體員工目標一致，做好自己的工作，就會產生「大家一起讓公司變好」的氛圍，經營者也會感受到全體員工的心意。這種正向連結，最後就會讓公司創造成果。在這一瞬間，經營者會感覺和員工好像一家人一般，特別安心。

公司上下一心，成果指日可待

雖然創造成果也很重要，但如果能和自己的員工上下一心，這是經營者最大的喜悅，內心也會覺得充實無比。

在公司裡，也有一種人總是單打獨鬥，但績效又很好。這種績效好的員工固然重要，但如果有願意共同打拚的同伴、一起努力，更會感到加倍開心吧。笨手笨腳、工作做不好，卻很認真勤奮的人，一樣也值得信賴。

公司不是只考量成果，人與人之間的聯繫也很重要。真誠待人的人會得到重用，有心的人會真摯的對待客戶，他們也會為公司帶來貢獻。

有些人想要選擇福利好的公司，同時享受個人的生活和工作，這種想法沒什麼不好。不過，在工作時，與其只看福利，不如多了解公司的使命，思考自己可以創造什麼貢獻。在這個過程中，我們的知識和能力都會增長，也會對社會有所助益，最後獲得收入。我發現，憑藉著這個想法工作的人，工作往往都做得很順利。

心中有使命，就會想拚命工作。如果不知道使命為何，只知道完成眼前的工作，自然就會覺得很無趣。那麼，各位工作的公司，又有什麼樣的使命呢？

13 領到薪水後，記得跟主管致謝

在發薪水的日子，看到自己的薪資明細後，請對經營者和主管說聲：

「已經收到這個月的薪資了，非常謝謝您！」

而發獎金時，或是基本薪資調升了，也別忘記說聲：

「收到這次的獎金了，非常謝謝您！」

「謝謝您幫我調薪！」

聽到感謝的話，經營者和主管都會覺得很高興，也會覺得特意致謝的員工、知道感恩的部屬，真是討人喜歡。

大部分的人都覺得，自己付出了勞力，然後收到相應的薪水，這是理所當然的。如果遇到「薪水只有一千日圓，好少」、「這個月薪水變少了」等狀況時，就會馬上急著找主管或老闆反映。當然，反映並沒有什麼不好。

不過，平常收到薪水的時候，也請說一聲「非常謝謝您」。當你確實改善了與經營者和主管的關係，也比較有機會調薪吧。

第四章

對外人貼心，對親人也別怠慢

1 養成習慣，一切就會很自然

表現窩心，是不分場所和對象的。想在商場上成功，重要的是除了在商務場合之外，私底下也必須記得時時保持貼心。

人是習慣的動物。只要不斷對他人展現貼心，久而久之就會下意識的做出窩心的舉動。根據腦科學的研究，人的行為有九成以上，都是腦部下意識決定並執行的（《為什麼顧客不掏錢》（*How Customers Think*），傑若德．查爾曼〔Gerald Zaltman〕）。

新冠肺炎疫情擴大之際，日本厚生勞動省呼籲民眾要「避免三密」（密閉空間、密切接觸、密集場所）並保持社交距離（拉開距離，防止感染擴大）。

但我經常看到許多人無法遵守這些規定。從我周遭的人來看，那些無法遵守規定的人，他們往往也無法遵照公司的使命和理念做事。如果一個人平時就按照規定行事，他也一定可以遵守日常生活中的規範。

無論什麼事，只要養成好習慣，人生就會成功。因此，除了商業場合以外，重要的是在私底下也得時時體貼。而身邊最親近的，就是自己的家人。對待家人時，如果平常就能保持貼心，在職場上自然就能有令人窩心的表現。

2 熟歸熟，有些話還是得說清楚

人與人之間，是否可以完全心意相通？我一直認為這是不可能的。我們連自己的事情，都很難完全理解；對其他人的事，自然就更難了解了。即使是親子、夫妻，也很難完全了解彼此，更不要說只是在同一個職場中工作的主管和部屬、同事，彼此之間就更難相互理解了。

不過，在相處了一、兩年之後，同仁之間大致還是可以了解彼此的習慣吧。這樣的話，可能會發生什麼狀況？我想，彼此的溝通可能會因此顯得不夠充分。

例如，主管可能會想：

「他這個人一點就通。只要說到這裡，他就了解了吧。」
「這是他常做的工作，交給他的話，應該沒問題。」
「最近在工作上，大家都配合得很有默契。我也沒太多閒工夫，說明的部分就可以省略了吧。」

但是部屬卻會不經確認就逕自執行，覺得：
「照平常那樣做，應該就可以了吧。」
「這個工作大概就是這樣做吧。」

舉例來說，要製作提案書給客戶。主管只交代一句：「這份提案書，就交給你做了。」主管認為，在提交提案書給客戶之前，部屬應該會先拿來讓自己確認。

部屬對於主管的吩咐，只是回答：「好的，我會去辦。」但是部屬卻誤會了主管的意思，以為提案書交由自己全權負責，正覺得開心。等到提案書完成之後，也沒請主管確認，就逕自交給客戶了。最後由於打錯價格，對客戶造成很大的困擾，合約也泡湯了……。

實際上，職場經常發生這種狀況。

為了慎重起見，主管應該要交代部屬：「提交給客戶前，先讓我看過。」部屬即使深受信任，也應該在提案書完成後，細心的向主管報告：「我已經完成提案書了，為了慎重起見，還請您過目。」

相處久了，溝通上往往容易省略「自己的手續」，最後卻成了對方要處理的「多餘手續」。在工作上，這種心態很容易出大紕漏。因此關係越是親近，越要慎重以對。

別以為彼此相互了解，就少了細心以對

夫妻、戀人或是朋友之間也一樣。如果不經過確認，就認定對方一定是這樣想的，然後逕自行動，最後往往把關係弄僵。

假設我們打電話約朋友碰面：「我們約七點、在老地方見面喔。」這裡雖然提到老地方，但雙方心裡想的，卻不見得是同一個地方。所謂的七點，到底是早上七點，還是晚上七點，讓人搞不清楚。萬一搞錯會面地點，其中一方會說：「我講過了！」另一方卻說：「你根本沒講！」雙方還可能因此起爭執。

因此，不管彼此多麼熟悉，也要把話好好說清楚。雖然只是小事，但如果相約見面，一定要明確講清楚會面的場所和時間。如此一來，就不會產生誤會。

為了維繫雙方的關係，一有事情，彼此都要確認清楚，這是一種重要的貼心。

3 朋友有難，怎麼幫才得體？馬上、直接、無數次

前陣子，我的好友因為腦梗塞倒下了。

當他的兒子告訴我這個消息時，我打從心底擔憂。雖然他當時的狀況，只允許家人會面，但我還是拜託他的家人通融、讓我去探病。因為我特意去探望，讓好友非常高興，覺得受到了鼓舞。

我再度體認到，當自己重要的人陷入困境時，馬上去見他，當面鼓勵他，這件事有多麼重要。

能當面獲得鼓勵，就是最大的力量。

自己特意跑到醫院探望，即使無法實際見到面，但是事後對方得知，

應該還是會很開心吧，也會想要趕快好起來。

聽到對方突然住院，腦中通常會不自覺的浮現好幾個不去探病的理由，像是好遠、最近太忙、挪不出時間來。但如果可以挪出時間去探病，也表示把對方看得比自己的事重要。這是利他的精神。

其實，沒有多少人可以這麼做。在其他人都沒有行動的時候，卻有人特意來探望自己，那將會是令人高興且印象深刻的事。

永遠帶給對方勇氣

有位我熟識的牙科麻醉醫師，身體出了問題。

進行植牙手術時，一定得麻醉。因此在我的牙科醫院裡，我與這位牙科麻醉醫師，以及提供植牙設備的京瓷員工，經常組成團隊進行植牙手術。他是我們團隊中重要的一員。

這位麻醉醫師到醫院檢查時，被告知罹患了「棘手的疾病」。醫院宣告：「您可能一輩子都無法再擔任牙科麻醉醫師了。」之後，他馬上被送往札幌的大醫院住院。

我居住的北海道帶廣市，距離札幌約兩百公里遠。無論是開車或搭電車，單趟路程就得花上三小時。因此，雖然我無法經常去探望，但只要一有時間，我都盡可能去看他。

人在生病的時候，會不想見人，但如果有人來探望，還是會覺得很高興，尤其是親近的人和朋友。我想，馬上、直接、無數次去探望，對方一定非常開心。

這位醫師的名字是「勝」。我和京瓷的員工一起做了一件手術袍，上面寫著象徵戰勝疾病的「勝」字，送給這位醫師。

我們想盡可能為他加油打氣。後來，經過他本人的努力，以及在主治醫師、家人的支持下，也或許我們的鼓勵幫上了一點忙吧，他最後宛如奇蹟一般的痊癒了。

直接的鼓勵，會帶給對方極大的力量，甚至出現奇蹟。這是我的親身經歷。

4 安慰人，不要激勵，要給希望

當朋友生病住院，或是陷入困境時，我會去探望他與他的家人。每隔一段時間，我也會寫封電子郵件表示關心。信件的內容不必多，重要的是定期表達關心之意。

聽到朋友突然住院的那段時間，我大約每兩天就會寫一封郵件問候。而收到信的人，會因此覺得「有人一直在守護著自己」、「一直有人關心」。持續的支持會帶來勇氣，讓對方燃起對抗疾病的鬥志。

那麼，我們應該如何表達心中的關心？

對於生病或身陷痛苦的人，很多人覺得應該鼓勵他們：「加油！」不過，有些人卻認為，對於臥病在床或不如意的人，應該不要再對他們說加油這類鼓勵的話。那麼實際上，用哪種方式才好？

我讀過許多書籍，接觸過來自日本各地、因為各種狀況來找我諮詢的民眾，他們都告訴我：「（即使別人不叫我加油）我也一直都在加油，所以當我聽到別人說：『加油啊！』我就覺得好辛苦。」他們還說：「明明我已經這麼拚命、努力了，為什麼別人還要我『再加油一點』，究竟要努力到什麼程度才可以？一想到這裡，就覺得好痛苦！」

對於當下因疾病所苦或處境艱難的人，與其對他們喊加油，不如說一些話，讓他們燃起希望。比方說，我曾對上一篇提到的麻醉科醫師說：

「醫師，請好好休息一陣子，之後我們再一起做手術。」

「患者和我們，都等您回來幫忙手術。」

如果是一起工作或是身邊的人，為了給予他們希望，可以說：

「期待再和你一起工作！」

「大家都在等你喔！」

我在信件中，則對前述因腦梗塞而病倒的那位醫師說：

「我相信你會好起來！」

「等你恢復到能活動的時候，再一起吃點東西吧！」

如果我用的是「吃飯」兩字，對方會聯想到端正的坐著吃飯，難度就會變高。結果說不定反而讓對方更喪氣：「聚餐啊，我不知道什麼時候才可以參加呢……。」如果是說吃點東西，對方的心情也會輕鬆一些。

此外，我們還可以告訴對方：「不要急，慢慢來。」「每天都保持進步一點就好。」「要朝著希望前進。」「把現在的經驗，轉換成邁向未來的動力吧！」

我們平時就可以想一想，什麼樣的話，可以帶給對方勇氣？可以燃起對方的希望？可以勸慰對方不要心急？這樣一來，就可以根據對方的情況，及時帶給他們希望。

體貼，是能站在對方的立場

有些話是出於善意，想要帶給對方勇氣，但實際上卻可能傷害了對方。比方說以下這些話。

「你這樣一直休息，真的沒問題嗎？」

「要趕快回來工作啊！」

「這個世界正在不斷前進，你也要趕快回來喔。」

這類催促的話語反而會給對方壓力，加重對方的心理負擔。所以我們可以換個方式來說。

「以你的魅力，不管什麼時候回來，大家都還是很需要你。」

「你只管好好的休息就好。」

「大家都叫你快點好起來吧？沒生過病的人就是不懂。雖然身體暫時無法自由活動，但還是慢慢來吧。」

關鍵就在於體貼對方的心情。所謂的體貼，就是不把自己的想法強加在對方身上，而是與對方站在相同的立場。

前陣子，某位朋友寫電子郵件告訴我：「媽媽突然因為腦梗塞倒下，情況很危急。醫師，請幫幫我！」我回覆他：「總之要有信心，你的意志，你媽媽也會感受得到。」

醫師本來宣告朋友的母親已經沒辦法救了，但是現在已經出院，身體也逐漸康復。事後，那位朋友又寫信給我，他說：「感謝您在艱難的時刻支持我，我一輩子都不會忘記您的恩情。」

當時我只說了一、兩句話，卻讓對方感念在心，獲得了勇氣。對於意志消沉的人和生病的人，如果我們能體貼他們的處境，再說出建言，就是最大的貼心。

5 在別人看不見的地方，更要貼心著想

廁所隨時保持清潔的店家和旅館，能讓我感受到一流的貼心。除了馬桶和小便斗乾乾淨淨，就連洗臉臺、鏡子都光可鑑人，一點水漬也沒有。垃圾桶經常保持淨空，要不然就是只有一點點垃圾而已。擦手紙或毛巾也都準備充足。這樣的店家或旅館，真正提供了一流的服務。

反觀有些店家或旅店，雖然被評為一流，但他們的廁所是否總是保持清潔？可惜的是，並不盡然。

明明被評為一流，廁所的垃圾桶卻總是滿到快要溢出來。洗臉臺前的鏡子，總被水花噴得一片溼。這樣的店家，總是比想像得還多。

我每次看到這樣的廁所時，都不禁覺得：「工作人員的待客之道沒有落實。」「公司的內部訓練沒有做好。」

除了餐廳和旅館等服務業，公司也是一樣。如果客戶會使用到廁所，原則上，廁所就要隨時維持清潔的狀態。

乾淨的廁所，會讓使用者心情愉悅。尤其在新冠肺炎的疫情擴大以後，越來越多人開始特別著重衛生。站在防止疫情擴大和貼心這兩個層面，的確該徹底落實廁所的衛生管理和美化才對。

別人看不到的地方，更要貼心著想

無論在辦公室或是自己家裡，在使用完廁所之後，為了方便下一個人使用，一定要保持乾淨，這一點很重要。

在其他人看不見的地方，也要為別人著想。如果可以自然而然做到這種程度，「為他人著想」就會化為習慣，那麼就算到了職場，處事也能體貼得宜。

一直以來，一流人士都很重視打掃廁所。

例如，日本搞笑藝人、同時又是電影導演的北野武，有一個習慣廣為人知。就是無論在居酒屋或是公共廁所，他上完廁所一定要打掃一番。他也公開表示：「我成功的祕訣，就是我有打掃廁所的習慣。」

在商業領域中，松下電器（Panasonic）的創辦人松下幸之助也說：「廁所大家都在用，要當作自己的東西看待。每個人都要打掃廁所，哪來什麼藉口！」「即使工作做得好，但如果連基本的常識和禮儀都不懂，不要說你是松下的員工。」他率先打掃自家工廠的廁所，藉此以身作則要求員工（出自Panasonic官網的「企業情報」，松下幸之助物語）。

日本汽車百貨「黃帽」（Yellow Hat）的創辦人鍵山秀三郎，在業績慘澹的時期，「為了穩定員工的心，首先把環境打掃乾淨。要是在髒亂的環境中，如何要求員工振作起來？」因此，他率先著手整理環境。他第一個打掃的地方，據說就是廁所（出自「東洋經濟online」的報導）。

上完廁所後打掃乾淨，是對下一位使用者最基本的貼心，也是身為社會人的基本常識，這也關係到能否安心愉快的工作。

6 遇到不認同的事，聽聽就好

「井上醫師，你搞錯了！」

A先生是以前和我一起工作的小組成員，在他寄給我的郵件裡，出現了這麼一句話。我已經忘了詳細的內容，總之，就是一封充滿苛刻言語的信件。

我當時沒有反駁這封郵件，看過就算了。不過，這不代表我認同了A先生所寫的內容。

「把工作做好」是首要目標，而A先生也很有實力。在我看來，如果一起共事，可以達到這個首要目標，就算對方是難以溝通的人，共同合作也無妨。因此，就算在工作的過程中，他對我說了一些過分的話，我也不是很在意。

其實，當初我還是回信了，但沒有提到對方苛刻的言語，只是表示：「一起做出好成果吧！拜託您了！」我想，這樣輕描淡寫的處理，應該就夠了。

即使對方丟過來的球來勢洶洶，那就接住它、放在一旁就好，不必隨之起舞。因此我雖然沒有正面回應，但這也是一種溝通方式。

A先生說不定是因為一時衝動、寫了這些內容，事後他會不會覺得介意呢？只要我不提起，他可能會因為覺得：「井上醫師沒有放在心上，真是太好了！」而鬆了一口氣。

輕描淡寫的處理，也是一種貼心。

我也是人，與人相處，偶爾也會覺得煩躁，尤其是和立場不同的人談話，由於經歷不同，談話根本不投機。

這種時候，我會一邊聽著對方說話，一邊想著以往沒注意到的事：「原來從這個人的立場，是這樣看事情的啊。如果我站在對方的立場，自己又會怎樣想？原來從不同的經驗，可以學到這麼多事。雖然一言不合，我很想反駁，但是也學到很多，真是寶貴的經驗。」

與其把矛頭指向對方，責怪別人，不如自己先省思一下。因為即使反駁對方，也無助於達成共識。實際上，你可以改變的不是對方，而是自己而已。

無論在職場或是私領域，與人意見不合的情況多的是。這種時候，不妨想著「原來還有這種看法」，然後大方的包容。越是能包容不同的意見，自己的器量也越大。

7 夫妻要互補，不是互相指責

夫妻和戀人不管關係再怎麼親近，都有各自的個性，也是獨立的個體。不同的個體，彼此當然會有差異。而在一起共同生活最重要的，就是接受彼此的差異。

有歧異是理所當然的，如果原本就有這種認知，夫妻和戀人之間便可以和諧相處。偶爾發現彼此有相似的價值觀，或是想法相同時，說不定還會覺得：「我們某些地方很像，真幸運！」如此一來，人生就能過得輕鬆愉快。

在某場演講會，有聽眾問我這樣的問題：「我覺得參加講座有助於自我提升，但我先生卻覺得聽講座很浪費時間，跟去玩沒兩樣。我該怎麼做，才能讓他認同我？」

如果是參加義務性的公司研習，確實不一定有助於自我提升。我想，那位聽眾的先生，應該很在意講座的效果吧？因此我建議那位聽眾：「聽完講座後，不妨告訴您的先生，您實際得到什麼樣的成長。」

不只是聽講座，自己和他人對事物有不同的看法，或是價值觀不同，都是很正常的事。這種時候，我們可以針對對方價值觀中缺少的（前述的情況，就是「參加講座的實際收穫」），好好的向對方說明。

沒有什麼事是誰該做，做得來的事就去做

走進家中的廁所，看到衛生紙架上掛著用完的紙捲芯。這是每個家庭常見的情景吧？這時，很多丈夫會抱怨妻子：「為什麼用完衛生紙以後，

紙捲芯放著不丟掉？」妻子也會有點不悅的說：「我就忘了嘛！又不是故意的！」於是雙方便起爭執。

其實，這時丈夫可以對妻子說：「衛生紙用完了，只剩下紙捲芯，我丟掉了喔。」通常，妻子也會回應一句：「謝謝。」這樣的話，想必雙方就不會引發爭執了。

「為什麼用完以後，放著不丟掉？」丈夫為什麼會講出這樣的話？那是因為，丈夫腦中已經有既定想法：「垃圾應該是妻子要丟。」夫妻既然在一起生活，就不該存在這些既定的想法，別總是認為垃圾應該要由妻子丟，某些事應該由丈夫做，這樣彼此相處起來，才能輕鬆、和諧。

家裡有點亂、地上有頭髮、衛生紙用完的紙捲芯沒有丟、門開著忘記關等，這些生活上的瑣事，只要注意到的人隨手處理一下就好。在抱怨之前，不如自己動手處理，事情馬上解決。

夫妻是命運共同體，「誰注意到，誰處理」，就是對彼此的窩心表現，也是夫妻圓滿相處的祕訣。

8 適度的和另一半共享行程

「身邊的伴侶很重要，所以應該什麼話都對他（她）說」，這種想法其實不見得好。最好避免懷疑對方，進而追根究柢，要求看對方的手機簡訊或是通訊軟體對話紀錄。

這簡直像穿著髒鞋大剌剌的踩進對方的領域（不尊重對方），正因為是重要的另一半，所以更應該保有彼此的隱私，互相尊重才對。

或許有人認為夫妻應該知道彼此的行動，但我覺得，如果任何事都要相互報告，這樣的生活真的很拘束。與其凡事報告，不如彼此信任，認可對方正在做的事，這樣關係才會順利。

聽說有一種App很受歡迎，可以與另一半共用行事曆。由於非常方便，想必也有很多人使用吧。萬一用了這個App，覺得沒有自由、很拘束的話，就輸入虛構的行程就好。

工作上，有時候也可能出現某些行程會讓另一半不悅，或是會讓對方產生誤會。明明什麼事都沒有，卻被質問：「這個行程，是和誰去？在哪裡見面？」自己還要一五一十的交代清楚，真是麻煩。其實像這類行程，沒必要特意寫入共用行事曆。這是對另一半的貼心。

重視彼此活動領域的文化

另一半往往無法理解自己職場的文化。

以我的例子來說，在活動結束後參加餐會，我偶爾會和女性粉絲一起拍照。如果對方要求，我也會跟對方握手。粉絲們都很開心。

從某種層面上來說，拍照和握手，算是我的職場文化。或許某些人覺得，已婚的男性與其他女性一起拍照，然後把照片上傳到臉書，是「有點可疑的事」。

即使如此，我也不方便對活動的主辦人說，「我已經結婚了，所以我不能和其他女性一起拍照」吧。

假使我真的對活動主辦人這樣說，最糟糕的情況，或許會變成「那位講師禁止拍照錄影、禁止握手，真是麻煩，參加者也不能盡興。下次我們就不要邀請他了」。

演講的場合本就有一些慣例文化，要是刻意不去做，或許會使自己的工作領域受到侷限。任何工作，都有相應的職場文化。伴侶之間如果可以互相理解和尊重，彼此的感情也能更緊密。

9 告知返家時間，讓另一半安心

男女關係中，最讓女性不安的，就是對方「什麼時候回家」。

尤其是丈夫出差。當妻子晚上打電話給丈夫時，丈夫卻沒接電話，妻子就會擔憂：「是不是正在和誰見面，都在做什麼呢？」於是便胡思亂想，搞得自己很痛苦。

因此，出差的時候，要向另一半交代：「回到飯店以後，再跟妳說一聲。」或是一回家就馬上聯絡，讓對方安心。

到家時的聯絡，就算只說一、兩句話也沒關係。說聲「我回來了！」或是「我已經到家了，但是好累，我先睡了喔。」只要簡短報告一下，就可以讓對方知道自己的情況，讓對方安心。

如果正在開會，另一半傳來 LINE 等通訊軟體的訊息，即使只是簡短回覆一下「現在正在工作」，也是體貼另一半的做法。簡短的回覆，不需要花費很多時間，只要簡單交代就好，不需要說明得很詳細。

向對方交代自己的狀況，讓彼此都覺得安心。在伴侶之間的相處中，這就是對彼此的貼心，不是嗎？

10 告訴父母「我們都很好」

父母親最期盼的事是什麼？

父親知道孩子的工作順利，心裡就會高興。母親知道孩子很健康，兄弟姊妹（如果有的話）都處得很好，如果有家庭，家人都很和樂，她就開心了。在生活上，只要健康、工作如意、家人相處和樂，就足以安心過日子。

與父母親見面，或是與他們聯絡時，不妨告訴他們：

「工作很順利喔。」

「我們都很好。」

「兄弟姊妹都處得很好。」

「家庭很美滿喔。」

這是對父母親最大的貼心。

松下電器的創辦人，被譽為經營之神的松下幸之助，當他到了海外的分公司，會先問當地的員工：「你們和家人關係好嗎？你對周圍的人有貢獻嗎？」

如果員工回答：「家人都處得很好。我讓周圍的人都很開心。」松下幸之助聽到這樣的回答，便會覺得很安心。因為他認為，家庭和諧，對周圍的人有貢獻，就代表工作很順利。他反而不會一見面，就問員工的工作情形。

當然，「過得很好」、「家人都很和樂」，也不能只是表面說說而已。實際上很健康，兄弟姊妹以及家人之間都處得很好，就是對父母親最大的貼心。

每天閒聊，就能讓父母親開心

如果沒有與父母親同住，建議盡可能每天都用 LINE 等通訊軟體發個訊息問候父母。

有些人可能會想「沒有什麼特別的話要和父母講」、「沒有重要的事」，但是不要緊，家人之間，只要閒聊就可以了。與父母親的交流，是重量（頻率）不重質。

比方說，你可以分享今天發生的事，這是任何人都會講的話題。跟父母親用 LINE 傳訊，或是講電話時，隨口問他們：

「今天有什麼事嗎？」

「沒有啊。」

「我吃了一家包子，很好吃喔。下次買給你們吃。」

「謝謝。」

彼此問候，談一談今天發生什麼事。就算只有簡單的問候，父母親也會很高興。這不會花很多時間，只要數十秒或數分鐘，就可以做到。如果擔心聊起來沒完沒了，可以說「我得去睡了」或是「我得回去工作了」，適時結束談話就好。

知道孩子很關心自己，父母親都會很開心。如果可以讓身邊的人開心，想必在職場上也會討人喜歡。所以建議大家，不妨對周遭的人展現自己的貼心吧。

11 就算吵架，隔天就要和好

我認識的某位男性，找我諮詢他和同居女友的問題。

「我昨天和女朋友吵架了。雖然當天我們就和好了，但是她今天早上的心情還是很差。我們明明已經談過了，也想出解決的辦法，為什麼她還是那麼生氣……？」

我仔細聽他說，他說他聽女友的話，提出自己的意見，也想出彼此都可以接受的解決方式，他本身似乎沒有過錯。不過，我覺得女方想聽的，似乎不是解決的辦法。

男方得察覺女方本身說不出口的「某種要求」，這才是解決問題的根本辦法。因此，我給他以下兩項建議。

1. 事先約法三章

「就算吵架，隔天就要和好」，如果彼此事先約定好，遇到事情就不用想太多，照約定做就好。為了讓女友順理成章的有個臺階下，事先約法三章也是一種貼心。

2. 透過國外的影集和電影，學習、了解女性的心理

女性在表達自己的意見之前，似乎都會傾向於希望對方「先察覺」。但是，身為男性的我們，有很多都是神經大條的呆頭鵝吧。尤其看到國外的影集和電影中，登場人物好像都能夠馬上體察到女性的心情，表現得窩心、討女性歡心。我看了以後都覺得，怎麼這麼困難。

不過，當我們了解女性有這種「希望對方察覺」的傾向，就可以試著

去學習。我建議可以從國外的影集和電影，學一些一般男性普遍不會做的，卻能更體貼的對待女性的方法。

拓展現有的價值觀，提升貼心的功力

除了戀人關係以外，有時候會遇到價值觀與自己差異很大的人，由於不懂對方的需求是什麼，所以不知道如何表達貼心。

想要變得更為人著想，就必須多學習、多了解各種經驗，拓展自己看事情的角度。每天忙於工作，不知不覺中會變得只重視效率和生產力，因為在上班時間，就只是處理工作而已。

如果想拓展自己的價值觀，請好好利用「閒暇之餘的非生產性時間」。在這些時間裡，可以體會到專屬於自己的體驗和學習。比方說，假日時什麼都不想，隨心所欲的在街上散步。在街道上，看著平常工作時不會遇到的人們，接觸從未了解的文化，全心感受著和煦的陽光、清爽的微風，心情也會變得平靜。即使什麼事也不做，也可以獲得工作以外的學習和經驗。

閒暇時間獲得的學習和體驗，可以拓展自身的價值觀，充實自己的心靈。我認為，這是無法在職場上獲得的人文素養。貼心的施與受，都離不開人。對人的了解越廣、越深，就越能思考和想像對方的心情，如此一來，貼心的廣度和能力也會隨之提升。

總是猜不透另一半想什麼，這時不妨：

1. **事先約法三章。**
2. **透過國外的影集和電影，學習、了解女性的心理。**

結語 多一點貼心表現，人生處處是機會

能否在人生中抓住機會，與出身和學歷無關。你要做的，就是成為一位討人喜歡，讓人想拉你一把的人。簡單來講，就是這樣而已。為了要成為這樣的人，你得凡事多一點貼心。

我在前面的章節曾提到，所謂的貼心，就是「接受別人的好意時，要表示感謝」、「在對方的紀念日送個禮」、「以實際的行動讓對方開心」等事。

這些事很簡單，誰都做得到，但是只要做了，人生就會改變。不過，卻很少有人能做到這些溫暖的舉動。現在的社會中有越來越多人認為，在

商業場合送禮是一項忌諱。

我經常告訴大家，要「做與眾不同的事」。因為當你做與眾不同的事，就會產生不可取代的價值，人生也會因此改變。所以請大家平時多一些窩心的舉動，並盡可能提升貼心的品質。

送禮不一定要選擇昂貴的禮物，重點是要有誠意。薪水不多有薪水不多的做法，請找出適合的方式，來表達自己的貼心吧。

懂得適時表現體貼的人，可以抓住人生的機會。

我回顧自己的人生，現在有工作可做，業績可以比別人更好，絕大多數的機會，都是承蒙眾人所給予的。能夠得到這些機會，是因為我一路走來，都不忘表現貼心。為別人著想的暖心表現，改變了我的人生，事實就是這樣，我沒有誇大其辭。

待人貼心，與能力和才能沒有關係。請試著表現出你內心之中對人的善意和溫柔吧。只要這樣做，任誰都可以變得很窩心。

我在本書中，把自己人生當中的貼心經驗告訴各位讀者，如果能幫助大家讓人生更美好，我將感到由衷的喜悅。根據我以往的經驗，貼心的表現真的足以扭轉人生。因此，我才寫下這本書與你分享，也感謝大家讀到最後。

國家圖書館出版品預行編目（CIP）資料

一瞬間的貼心：貼心，是最不花錢的投資。順手，讓機會、貴人、金錢主動找上你。井上裕之著；賴詩韻譯. -- 初版. -- 臺北市：大是文化有限公司，2021.10

224 面；14.8 X 21 公分. --（Think；222）

譯自：本物の気づかい

ISBN 978-986-0742-73-2（平裝）

1. 人際關係　2. 生活指導

177.3　　110010979

Think 222

一瞬間的貼心

貼心，是最不花錢的投資。順手，讓機會、貴人、金錢主動找上你。

作　　者／井上裕之
譯　　者／賴詩韻
校對編輯／黃凱琪
美術編輯／林彥君
副 主 編／劉宗德
副總編輯／顏惠君
總 編 輯／吳依瑋
發 行 人／徐仲秋
會　　計／許鳳雪
版權經理／郝麗珍
行銷企劃／徐千晴
業務助理／李秀蕙
業務專員／馬絮盈、留婉茹
業務經理／林裕安
總 經 理／陳絜吾

出 版 者／大是文化有限公司
臺北市 100 衡陽路7號8樓
編輯部電話：（02）23757911
購書相關諮詢請洽：（02）23757911 分機122
24小時讀者服務傳真：（02）23756999
讀者服務E-mail：haom@ms28.hinet.net
郵政劃撥帳號／19983366　　戶名／大是文化有限公司
法律顧問／永然聯合法律事務所
香港發行／豐達出版發行有限公司
Rich Publishing & Distribution Ltd
香港柴灣永泰道70號柴灣工業城第2期1805室
Unit 1805, Ph.2, Chai Wan Ind City, 70 Wing Tai Rd, Chai Wan, Hong Kong
Tel：2172-6513　Fax：2172-4355　E-mail：cary@subseasy.com.hk

封面設計／林雯瑛
內頁排版／陳相蓉
印　　刷／鴻霖印刷傳媒股份有限公司
出版日期／2021年10月初版
定　　價／340元（缺頁或裝訂錯誤的書，請寄回更換）
I S B N／978-986-0742-73-2
9789860742886（PDF）
9789860742879（EPUB）
Printed in Taiwan

本物の気づかい
Honmono No Kidukai